Geh doch rüber!
Feinste Beobachtungen aus Ost und West

Geh doch rüber!

Feinste Beobachtungen aus Ost und West

neues deutschland

Impressum

© Neues Deutschland Druckerei und Verlag GmbH 2013
Franz-Mehring-Platz 1, 10243 Berlin
www.neues-deutschland.de
Umschlaggestaltung: Heike Schmelter unter Verwendung
eines Holzschnittes von Hartmut Schultz
Satz/Herstellung: MediaService GmbH Druck und Kommunikation
ISBN 978-3-939440-10-9

Mit Danksagungen ist es ja immer so eine Sache. Man läuft Gefahr, jemanden zu vergessen, was unweigerlich zu schlimmsten Verwerfungen führen kann. Trotzdem will ich es wagen, da das Buch auch durch Ideen, Hinweise, Korrekturen und Kritik von Menschen aus meinen engem Umfeld zustande gekommen ist. Daher danke ich meinen Freunden Jeremy, Dominic, Mark und Dietmar.

Auch wenn es nur ein kleines Büchlein ist, möchte ich es meinen Eltern Maria und Rainer widmen.

Inhaltsverzeichnis

Vorweg

Wenn ich mit Journalisten oder der Verwandtschaft über meinen Wahlkreis spreche, stellen sie zuerst die Frage, wie ich als gebürtiger Wessi zu einem Wahlkreis im Osten komme. Das ist in der Tat eine gute Frage, aber schnell zu beantworten. Im Jahr 2005 gab es vorgezogene Neuwahlen, weil die Regierung von Gerhard Schröder am Ende war. Mein damaliger Parteivorsitzender Lothar Bisky bat mich mit sympathischem Nachdruck, eine Kandidatur für den Bundestag in Erwägung zu ziehen. Das tat ich und wurde nach einigen Gesprächen von der Linkspartei in Sachsen-Anhalt auf die Landesliste gewählt und von den Genossinnen und Genossen als Direktkandidat im Wahlkreis Anhalt aufgestellt. Der umfasst den Landkreis Anhalt-Bitterfeld und große Teile des Salzlandkreises: unter anderem die Städte Bitterfeld-Wolfen, Köthen, Zerbst, Bernburg und Staßfurt. 2005 wurde ich über die Landesliste, 2009 direkt in den Bundestag gewählt.

In diesem Zusammenhang wird mir immer mal wieder die Frage gestellt, was es eigentlich noch für Unterschiede zwischen Ossis und Wessis gibt. Was hat sich angenähert, was hat sich verändert, gibt es noch kulturelle Unterschiede? Zunächst ist da natürlich die nach wie vor bestehende Ungerechtigkeit der immer noch nicht angeglichenen Lebensverhältnisse zwischen Ost und West: Immer noch ist die Arbeitslosigkeit bedeutend höher als im Westen, die Renten sind immer noch nicht angeglichen. Auch im Jahr 2013 werden im Osten geringere Löhne als im Westen gezahlt, junge Menschen verlassen den Osten. Das sind die Themen, mit denen ich politisch täglich zu tun habe. Es ist die Verpflichtung eines direkt gewählten und linken Abgeordneten, sich täglich um diese Fragen zu kümmern, ansprechbar zu sein und auch einen Blick für die Kleinigkeiten zu haben.

Um vor Ort akzeptiert zu werden, musste ich viel arbeiten, aktiv sein und – besonders wichtig – viel lernen. Im Osten hat man mit Wessis bekanntermaßen nicht nur gute Erfahrungen gemacht. Die zuweilen im Westen deutlich ausgeprägtere Politikshow kommt im Osten nicht an. Zuhören, hingehen und interessiert sein – das sind die Dinge, die Akzeptanz schaffen. Ich habe seit 2005 unendlich viel gelernt über die Geschichte vor 1990 und die über zwanzig Jahre danach. Das Wichtigste aber, was ich in den Jahren seit 2005 in meinem Wahlkreis erlebt habe, sind die Leute. Viele Freundschaften sind entstanden. (Für mich als Angler bieten sich außerdem hervorragende Gewässer zur Fischerei an.)

In diesem Büchlein soll es aber nicht um die großen politischen Fragen gehen. Es geht um die kleinen Beobachtungen eines Linken, der aus dem Westen in den Osten kam. Er musste lernen, dass die Ossis Jahn und nicht Jan sagen, dass man sich zur Begrüßung grundsätzlich die Hand reicht, wie es ist, eine Jugendweiherede zu halten, und warum es in Ostdeutschland eigentlich so viele griechische Restaurants gibt. Diese kleinen, feinen Beobachtungen aus dem Alltag habe ich in kleine Geschichten zu fassen versucht um dabei die witzigen und unerwarteten Erfahrungen festzuhalten.

Meine Erfahrungen im Osten sind untrennbar mit meiner Arbeit als Bundestagsabgeordneter verbunden. Als ich begann,

meine Ost-West-Geschichten zu verfassen (im Zug, beim Warten, im Urlaub – manchmal auch während spannender Fraktionssitzungen) fielen mir unweigerlich diverse Skurrilitäten
des Berliner Politikbetriebes ein. Seien es interessante Verhal-
tensweisen im Plenum des Bundestages, seien es antikommu-
nistische Debatten, die einen in die Adenauerzeit zurückkata-
pultieren, oder wie eine Rothirschkuh namens Aurora einen
Abgeordneten für den Verfassungsschutz verdächtig macht.
Diese Erlebnisse machen den zweiten Teil des Büchleins aus.
Auch hier geht es um die kleine Linie, keinesfalls um die große. Und alles ist im vollen Bewusstsein geschrieben, dass es
zu hundert Prozent subjektiv, ausschließlich durch die eigene
Brille betrachtet ist. Gerade das hat beim Schreiben besonde-
re Freude gemacht.

Last but not least geht es bei allen Geschichten auch um
Anekdoten und Erfahrungen als Linker, als demokratischer
Sozialist. So oft mich auch Teile meiner Partei geärgert haben, so oft ich auch bei Streitereien ordentlich mitgemischt
habe, so freue ich mich stets Mitglied dieser sympathischen
Partei zu sein. Besonders meinen Genossinnen und Genossen
in Sachsen-Anhalt bin ich dafür dankbar, dass sie mich in ihren Reihen so herzlich aufgenommen haben, mir vieles vom
Osten beigebracht haben und mir eine politische und persön-
liche Wertschätzung zuteil werden lassen, die mir zusätzlich
die Gewissheit vermittelt, dass es ein exzellenter Entschluss
war, Linker zu werden. Und noch besser: Ein Linker aus Westdeutschland, der im Osten landete und angekommen ist, wie
man so schön sagt.

Mein Dank geht an meine Freunde, die aus Ost und West kommen, was meist kaum noch zu unterscheiden ist. Sie haben
viel zu den feinsten Beobachtungen beigetragen. Der zweite
Dank geht an meine Eltern, die mir vermittelten, wie wichtig es

ist, Empathie und die Lust auf die Welt da draußen zu empfinden sowie keinen Gefallen am Schulterklopfen der vermeintlich oder real Mächtigen zu finden.

Berlin und Bitterfeld-Wolfen 2013

Anmerkungen
zum Händeschütteln

Mein erster Wahlkampfinfostand – bestehend aus Schirm, Tisch, Luftballons und enorm viel Papier – fand im Herzen der kleinen Stadt Bernburg statt. Ich stand also auf dem Karlsplatz und war gemeinsam mit einigen Mitstreitern bemüht, mich bekannt zu machen und maximale Stimmengewinne für die Partei zu generieren. So weit, so normal in Wahlkampfzeiten. Eine Sache war dann aber doch bemerkenswert: Diverse Bürgerinnen und Bürger hatten in der Lokalzeitung einen Hinweis auf eben jenen Infostand von eben jenem Bundestagskandidaten gelesen. Noch außergewöhnlicher war der Fakt, dass viele Bürgerinnen und Bürger Interesse an einem Gespräch hatten. Dabei kamen diese auf den Kandidaten, in diesem Fall also mich, zu und gaben mir die Hand. Diese Begrüßung von bis dahin völlig unbekannten Menschen durch Handschlag war mir nicht geläufig. Im Osten ist das Händeschütteln aber nicht nur geläufig, sondern üblich und selbstverständlich. Wie das bei bislang ungewohnten Kulturtechniken nicht anders zu erwarten ist, habe ich allerdings nicht umgehend die Hand zum Zurückschütteln angeboten. Dieses Nicht-Zurückschütteln wurde als unfreundlicher Akt eines Wessis empfunden, der es offenbar nicht nötig hat, ein Mindestmaß an Höflichkeit an den Tag zu legen. Immerhin fiel mir auf, dass das dann trotzdem stattfindende Gespräch holprig und mit einer gewissen Distanz begann. Wie das so ist, erwiderte ich mitunter besonders offensives Händeschütteln, was dazu führte, dass die Gesprächssituation deutlich entspannter war. Allerdings führten solche Vorgänge bei mir nicht zwangsläufig zu der rational durchdachten Schlussfolgerung, dass man grundsätzlich die Hand des Gegenübers zu schütteln habe. Man wird ja nicht immer durch eine Erfahrung klug, sondern braucht eben auch mal mehrere.

Erst der dezente Hinweis eines Genossen, dass dies hier eine konsequente Handschüttel-Gegend sei, führte zu einem Erkenntnisgewinn meinerseits, der mich schließlich jedem, der mir begegnete, konsequent die Hand geben ließ. Das engagierte Händeschütteln ist die eigentliche Grundlage, um im Osten überhaupt ein vernünftiges Gespräch zu beginnen. Eine Einschränkung muss allerdings erwähnt werden: Wenn die Ansammlung von Bürgerinnen und Bürgern oder von Genossinnen und Genossen die Zahl von – sagen wir mal – zehn Personen übersteigt und ein Tisch in der Nähe ist, ist es durchaus legitim, auf das Händeschütteln zu verzichten und unter dem Ausruf »Ich mach dann mal so!« zweimal auf den Tisch zu klopfen, was dann umgehend durch entgegnendes Zurückklopfen erwidert wird und als allgemein akzeptierter Händeschüttelersatz angesehen wird. Trotzdem bleibt das maximale Händeschütteln die beliebtere Form der Begrüßung.

Als lern- und integrationswilliger Wessi, der fortan im Osten Politik machen sollte, ist mir das umfängliche Händeschütteln sehr schnell eine tief verwurzelte Kulturtechnik und Gewohnheit geworden. Ohne Händeschütteln geht bei mir seither nichts mehr.

Nachdem ich diese Lektion gelernt hatte, war ich einige Monate später in Hannover, der Stadt, in der ich studiert und einige Jahre gelebt habe. Eine Stadt eher des zweiten Blicks übrigens. Am Abend war ein gemeinsamer Umtrunk mit alten Freunden und Genossen in der ehemaligen Stammkneipe geplant, in der ich sehr viel Zeit meines Studiums verbracht habe. Dieser Plan wurde umgesetzt, und ich betrat den Laden: Wie mittlerweile im Osten gelernt, kam ich rein, umrundete den Tisch und machte was? Na klar, ich gab jedem einzelnen die Hand – da die Auf-den-Tisch-klopf-Variante nicht angewandt werden konnte, da nur fünf Mitstreiter anwesend waren. Durch Mimik und Gestik gezwungen, konnten sich die Anwesenden diesem ostdeutschen Ritual nicht entziehen. Für eine kurze Sekunde war ich mittelschwer irritiert, weil mein Händedruck durch das westdeutsche Gegenüber ein klein wenig zu zögerlich und nicht besonders engagiert erwidert wurde. Nach einer halben Stunde Gespräch drang diese Zögerlichkeit in meinen Kopf vor und ich sprach das Ganze offen an. Nach einigem Lavieren fasste sich einer der Mittrinkenden ein Herz und sagte ganz offen und westdeutsch: »Gerade erst in den Bundestag gewählt und schon ganz wichtig – selbst in der Kneipe.«

Festzuhalten ist also: Das Händeschütteln ist im Westen eher unüblich. Weiteranalysiert bedeutet diese Erkenntnis, dass es in der westdeutschen Linken dann erst recht unüblich sein muss und dass die Händeschüttelauftritte eher für Skepsis und den Verdacht der Wichtigtuerei sorgen.

Heute, rund sieben Jahre später, gehen meine autodidaktischen Forschungen allerdings in die Richtung, dass das Händeschütteln auch im Westen unaufhaltsam auf dem Vormarsch ist und sich der Osten somit einen klaren Punktsieg auf die Fahne schreiben kann.

Jahn oder Jan

Ich bin nun Mitte dreißig und kann mich an die Zeit der Teilung Deutschlands selber kaum noch erinnern. Ich bin erwachsen geworden und habe Politik gemacht, als die Mauer längst gefallen war. Meine Freunde kommen aus Ost und West, und sie sind nicht mehr so leicht als jener oder jener zu identifizieren. Selbst in meinem Wahlkreis ist es nur schwer feststellbar, wer aus dem Osten, wer aus dem Westen stammt. Ebenso in der Bundestagsfraktion. Klar, ein sächsischer Dialekt ist schnell als ostdeutsch zu identifizieren, weswegen die Sachsen eine Ausnahme zur eben beschriebenen Regel darstellen. So wie ein Bayer sich auch kaum tarnen kann. Aber bei fast allen anderen ist (soweit man es nicht durch das innerparteiliche Abstimmungsverhalten erkennen kann) die regionale Herkunft kaum feststellbar. Das ist ja erst mal eine gute Entwicklung.

Allerdings gibt es eine Ausnahme, von der ich persönlich betroffen bin und die mich einen Ossi sofort erkennen lässt. Mein Name ist Jan. Kurz, knapp und norddeutsch ausgesprochen. Drei Buchstaben. Ich wurde und werde seit ich auf der Welt bin immer kurz und abgehackt »Jan« gerufen. Das aber ist im Osten fundamental anders. Der Ossi – und zwar gleich welchen Alters, gleich welcher ostdeutschen Region entstammend – sagt nicht »Jan«, sondern zieht den Namen zu einem »Jahn« auseinander. Gesprochen wie (Sigmund) Jähn, ohne ä, eben mit a. Daher kann ich trotz allem Verschwinden der kulturellen Unterschiede feststellen, wer Ossi und wer Wessi ist. Zu nahezu hundert Prozent trifft diese Regel zu. Das ist doch wirklich mal ein nachvollziehbarer und sicherer Indikator, um die geografische Herkunft des Gegenübers bestimmen zu können. Rein praktisch hilft es natürlich in nur wenigen Lebenssituationen, es ist ein nahezu nutzloses Privileg, dies zu wissen. Aber Why not?

Dieser Unterschied führte ein einziges Mal zu Ärger im eigenen Büro. Meine Mitarbeiter kommen aus Ost und West, kulturell gibt es kaum Unterschiede, außer jeweils kleine nostalgische Reminiszenzen an etwa den Broiler (Ost) oder das Brathähnchen (West). In einer der ersten Bürobesprechungen nach den Bundestagswahlen 2005 hatten wir uns überlegt, eine regelmäßige Zeitung herauszugeben, um über die Wahlkreisarbeit zu informieren. Dabei war natürlich die erste und emotionalste Frage, wie das Ding heißen soll. Mein Kollege, zuständig für die Presse- und Öffentlichkeitsarbeit und sehr bewandert im Herstellen von Zeitungen, schlug vor, die Zeitung »Jan von nebenan« zu nennen. Die Begründung leuchtete mir ein: Klingt sympathisch, will deutlich machen, dass man vor Ort aktiv und ansprechbar ist, und – das war das wichtigste Argument – »Jan von nebenan« reimt sich. Nach einigem Hin und Her meldete sich allerdings mein anderer Kollege und stellte die zunächst unverständliche Frage, wie wir darauf kommen könnten, dass sich »Jan von nebenan« reimen würde. Na? Letzterer Kollege kam aus dem Osten und hatte viel früher als ich analysiert, dass im Osten alle »Jahn« und nicht »Jan« sagen würden – ergo würden sie »Jahn von nebenan« als Zeitungstitel lesen, was sich eben schlicht nicht reimt. Dann müsste es – soweit man beim Titel bleiben wolle – »Jahn von nebenahn« heißen.

Diese Argumentation entwickelte sich zu einem handfesten Bürokrach, weil die »Jahn«-These nicht von allen geteilt wurde. Im Verlauf des Disputs fielen Begriffe wie »Mauer in den Köpfen«, »Besserwessi«, »Betroffenheits-Ossi« und viele andere. Um Arbeits- und Freundschaftsaufkündigungen abzuwenden, empfahl ich, Sachkompetenz einzuholen: Anruf beim Wahlkreismitarbeiter in Sachsen-Anhalt. Die Auskunft aus Ostdeutschland war klar und vor allem ohne eine Bedenkminute vorgetragen: »Jan von nebenan« reimt sich nicht. Meine Wahlkreiszeitung heißt jetzt »Korte Konkret«.

Podium oder Forum?
Das ist die Frage!

Wie das bei allen Wahlen unumgänglich ist, gibt es zuvor Diskussionsveranstaltungen mit den örtlichen Kandidaten. Wahlweise werden diese von den örtlichen Gewerkschaften, der Volkssolidarität oder der lokalen Zeitung veranstaltet. Über Sinn oder Unsinn dieser Veranstaltungen kann gestritten werden. Ziemlich gesichert ist aber, dass jeder Kandidat eine gewisse Anzahl von Unterstützern mit in den Saal bringt, der meistens eher ein Raum ist. Diese Unterstützer wollen durch energisches Beifallklatschen die Unterstützer der Mitdiskutanten von der Richtigkeit der Aussagen des eigenen Kandidaten überzeugen. Diese Unterstützergruppen machen in etwa 95 Prozent der Anwesenden aus. Wie viele Unterstützer des einen durch Applaus der Unterstützer des anderen Kandidaten auf die andere Seite gezogen werden ist schwer zu erforschen. Es hält sich in Grenzen. Dies ist, so denke ich erst mal, eine gesamtdeutsche Gemeinsamkeit. Was aber sind die Unterschiede?

Zuerst einmal ist die offizielle Bezeichnung anders. In Westdeutschland geht der politisch Interessierte (oder eben der Kandidatenunterstützer) in aller Regel zu Podiumsdiskussionen. Nach einigen Wochen Wahlkampf im Osten fiel mir aber auf, dass man hier nicht von einer Podiumsdiskussionen sondern von einem »Forum« sprach. Also etwa »Forum mit den Bundestagskandidaten« und eben nicht »Podiumsdiskussion mit den Bundestagskandidaten«. Ich kann leider nicht sagen, ob diese unterschiedlichen Titulierungen soziologische oder historische Ursachen haben. »Forum« vielleicht von »Neues Forum«? Oder abgeleitet von der Idee der Runden Tische? Vielleicht wird das »Forum« eher als Runde verstanden, in der zwar ordentlich diskutiert wird, am Ende aber Gemeinsamkeiten stehen sollten. Eine nur bedingt spannende Frage, die mich vom eigentlichen Unterschied zwischen Foren (Ost) und Podiumsdiskussionen (West) ablenkt.

Im Jahre 2005 war also mein erstes Forum mit den Vertretern der anderen Parteien. Wie von den Podiumsdiskussionen (West) gewohnt, ging ich davon aus, dass jetzt ordentlich Klartext geredet wird, am besten extrem zugespitzt. Mal so richtig in die Tasten hauen sozusagen. Das Ziel: in rhetorischer Heftigkeit die Unterschiede zu den anderen Parteien herausarbeiten und dabei die eigenen, als richtig empfundenen Positionen darlegen. Also legte ich los und legte engagiert dar, warum besonders der Kandidat der SPD besonders unglaubwürdig, unwahr, wenn nicht gar verlogen argumentieren würde, DIE LINKE demgegenüber deutlich die richtigeren Positionen verträte. Ebenso ließ ich mich mehrmals während der Beiträge der anderen Kandidaten zu Zwischenrufen verleiten, um zeitnah und unverzüglich auf von mir als unrichtig empfundene Positionen einzugehen. An spätestens dieser Stelle war ich ein wenig irritiert, weil die eigenen Unterstützer dieses Vorgehen nicht mit der sonst üblichen murmelnden Zustimmung goutierten, wie ich dies von Podiumsdiskussionen etwa im Westen gewohnt war. Diese Irritation führte aber noch nicht zu einer direkten Änderung meines Diskussionsverhaltens auf diesem Forum (Ost). Nach exakt anderthalb Stunden war das lokale Schaulaufen zu Ende.

Wie aus meiner politischen Westzeit gewohnt, ging ich davon aus, dass man nach solch einem Forum mit den Unterstützern in die parteinahe Stammkneipe geht, um bei einigen Bieren die Diskussion auszuwerten und weitere Schritte des Wahlkampfes zu besprechen. Auch hier eine neue Situation: Bis heute ist es im Osten eher unüblich, nach einer politischen Veranstaltung geschlossen in der Kneipe weiterzudiskutieren. Nichtsdestotrotz gingen drei Genossen danach noch mit auf ein Bier. Auf meine Frage, ob ich mich auf dem Forum ganz gut geschlagen hätte im Sinne der Partei, gab es relativ umständliche Vorträge, die den Auftritt als ganz o.k., aber merklich nicht wirklich gut beschrieben. Nach gefühlten dreißig Minuten fragte ich konkret nach. Zum Glück wurde mir dann deutlich mitgeteilt, dass mein Agieren auf dem Forum als bedeutend zu konfrontativ empfunden wurde. Auch die Zwischenrufe konnten die eigenen Unterstützer nicht wirklich überzeugen, wenn sie gleichwohl als inhaltlich zulässig betrachtet wurden. Besonders das konfrontative Draufhauen auf den Vertreter der Sozialdemokraten wurde als nicht dienlich betrachtet und als den lokalen Gepflogenheiten widersprechend angesehen.

Hier ist ein wirklicher Unterschied zwischen West und Ost zu verzeichnen. Ich war es aus meiner Studienzeit gewöhnt, in Wahlkampfzeiten verbal ordentlich draufzuhauen, dazwischenzurufen und mit großer Lust einen zünftigen Streit auszutragen. Dies ist im Osten anders und hat ja einige Gründe.

In meinem Wahlkreis stellen wir LINKEN Bürgermeister und sind mindestens zweitstärkste Partei. Man hat also eine in der Tat staatstragende Rolle in der Kommune, manchmal auch im Land. Und dann ist da natürlich die Erfahrung, dass die gewohnte westdeutsche Politshow im Osten als empirisch widerlegt angesehen wird: Man ist eher auf der Suche nach dem Konsens: Was kann ich vor Ort erreichen? »Müssen die sich ständig streiten?« »Die sollten sich mal vernünftig zusammensetzen und was Kluges für die Leute rausholen.« Das sind die verbreiteten Empfindungen der Leute, eigentlich ein sehr angenehmer Zug. Irgendwie sachlicher.

Kurz: Streit kann stattfinden, aber bitte in ordentlichen Formen und Bahnen. Auch das also musste ich lernen. Übrigens zieht sich dieser Zug des zivilisierten Diskutierens quer durch die ostdeutsche Gesellschaft: Die hitzigen Wortgefechte im Bundestag werden als anachronistische Reminiszenzen an den Kalten Krieg empfunden. Vor Ort macht die CDU auch mal äußerst pragmatische Politik zusammen mit der Linkspartei. Ganz ideologiefrei. Auch eine Erkenntnis, die einen Unterschied zwischen Ost und West markiert. Die herzlich-antikommunistische Ablehnung der LINKEN liegt im Westen – historisch erklärbar – wesentlich tiefer. Also auch hier: Vom Osten lernen heißt vor Ort siegen lernen.

Jugendweihereden
für Anfänger

Meine erste Rede im Bundestag hielt ich 2005 zur sogenannten Vorratsdatenspeicherung. Dieser Beitrag von vier Minuten
musste abends um 21 Uhr 30 vorgetragen werden. Selbstverständlich ging mir vorher ordentlich die Düse. Die Nervosität
war so groß, dass ich das wohl erste Mal in meiner politischen
Laufbahn die Rede komplett ausformulierte. Das stellte sich
dann während des Redens als großer Fehler heraus, weil die
Spontaneität fehlte und die knapp bemessene Redezeit nicht
mit dem Manuskript in Einklang gebracht werden konnte. Seither rede ich immer anhand von Stichpunkten und bin damit
einigermaßen gut gefahren.

Obwohl ich also gemerkt hatte, dass mir die freie Rede wesentlich besser liegt, gibt es dennoch eine einzige Ausnahme:
meine erste und auch die folgenden Jugendweihereden.

Wenn man in Ostdeutschland Abgeordneter, Bürgermeister
oder Landrat ist, gehört es dazu, – in der Regel im Mai – Jugendweihereden zu halten. Als Westeingeborener hatte ich
natürlich von Jugendweihefeiern gehört und ein recht vergan-
genheitsfixiertes Bild vor Augen. In meiner Vorstellung sah
ich stets einen älteren SED-Funktionär, der Urkunden über-
reicht, nachdem er eine staatsbürgerliche, dem Sozialismus
verpflichtete und wahrscheinlich totlangweilige Rede gehalten
hatte. Das Ganze im Kulturpalast mit ein bis drei Fahnen ge-

schmückt. Mitbekommen hatte ich auch, dass die Jungen und Mädchen zum Zeitpunkt 14 Jahre alt waren. Darüber hinaus hatte ich über meine ostdeutschen Freunde erfahren, dass man anlässlich der Jugendweihe eine nicht unerhebliche Menge an Geschenken in einem nicht unerheblichen Wert abgreifen konnte, weswegen alle, die ich kannte, ein durchaus sehr positives Verhältnis zu ihrer Jugendweihe haben. Besonders gut muss es gelaufen sein, wenn man zu seiner Jugendweihe einen SKR 700 geschenkt bekam – den führenden Kassettenrekorder der achtziger Jahre.

Wie Bürgermeister und Landräte auch, wurde ich als regionaler Bundestagsabgeordneter zwangsläufig gefragt, ob ich nicht mal eine Jugendweiherede halten könne. Leichtsinnig sagte ich umgehend zu und fing an, mich in die Welt von Jugendweihefeiern einzulesen, einzugucken und einzufühlen.

Die Kunst bei heutigen Jugendweihefeiern – so wurde mir von Experten geschildert – sei es in zehn, maximal zwölf Minuten sowohl die betroffenen Jugendlichen, die Eltern und natürlich auch die Großeltern emotional anzusprechen. Außerdem sollte die Rede von einer gewissen Leichtigkeit getragen sein, ein bis drei Gags enthalten, eine angedeutete Lebensweisheit (mit Mitte dreißig ein gewagtes Unterfangen) transportieren und natürlich ein paar pädagogische Zukunftshinweise beinhalten. Diese allein schon enormen Anforderungen müssen außerdem mit einem gewissen feierlichen Gestus in die rund einstündige Gesamtfeier eingebettet werden.

Diese Erforderlichkeiten benötigten schließlich eine recht professionelle Vorbereitung: Zuerst besorgte ich mir eine DVD beim »Jugendweihe e. V.«, um überhaupt einen Eindruck von heutigen Jugendweihefeiern zu bekommen. Die unterscheiden sich übrigens substantiell von meinen westdeutsch geprägten

Vorstellungen: Es gibt Rock- und Popmusik und launige Kurz-rezitationen, und dann halt mehr oder weniger fetzige Reden. Alles in allem ergaben meine Forschungen also die Notwen-digkeit, an meiner ersten Jugendweiherede enorm zu feilen. Neben der DVD zog ich diverse Zeitzeugen zu Rate: Sowohl mit der Jugendweihe beglückte Menschen meines Alters als auch leicht gealterte Festredner, die die Herausforderung ei-ner Jugendweihe-Festrede bereits angenommen und erfolg-reich hinter sich gebracht hatten. Ich habe versucht, alle Tipps zu beachten und bin bis heute allen Ratgebern dankbar.

Nachdem ich mich durch fünf unterschiedliche Reden gear-beitet hatte, machte ich mich daran, die besten Teile inklusive eigener Ideen in Stichpunkten zusammenzufügen. Als ich mich allerdings an die Ratschläge der Experten erinnerte, war mir schnell klar, dass die freie Rede als dem Anlass nicht ange-messen verworfen werden musste. Daher brach ich mit mei-nem aus der ersten Bundestagsrede gewonnenen Vorsatz. Die Nervosität und Aufgeregtheit vor der immer näherrückenden Jugendweiheredenpremiere zwangen mich schließlich dazu, nun doch wieder eine ausgefeilte, aufgeschriebene Rede zu halten.

Am Tag meiner ersten Jugendweiherede war ich pünktlich eine Stunde vor Beginn im Kulturhaus Bitterfeld-Wolfen. Be-reits jetzt – acht Uhr – drängten sich die Angehörigen der Ju-gendweiheempfänger in enorm schicken Klamotten vor dem Eingang. Die Organisatoren, die den Eindruck machten noch nie etwas anderes getan zu haben als eben Jugendweihefei-ern zu organisieren, wiesen mir meinen Platz zu und instruier-ten mich mit aller notwendigen Entschiedenheit, in welchem Moment ich die Bühne betreten sollte und meine Rede zu be-ginnen hätte. Entscheidend war außerdem der Hinweis, nach dem letzten Satz nicht etwa die Bühne wieder zu verlassen und auf den rettenden Sitzplatz zu flüchten, sondern auf der Bühne zu verbleiben, um umgehend die Jugendweiheurkunden an die jungen, nunmehr erwachsenen Menschen zu übergeben. Dies, und nicht etwa die Rede, sei und war schließlich der eigentliche Höhepunkt einer jeden Jugendweihefeier.

Meine Nervosität vor dieser Rede war enorm. Trifft man den Ton? Bemerkt das Publikum meine westdeutsche Herkunft und, wenn ja, hat dies negative Auswirkungen auf zu vergebene Sympathien oder Antipathien?

Schließlich kam der Moment, und ich gelang stolperfrei ans Rednerpult und verlas meine Rede. Aufgrund der Scheinwerfer war es leider nicht ersichtlich, wie die Gäste die Worte aufnahmen. Ich habe mein Bestes gegeben und die nachfolgenden Einladungen zu weiteren Jugendweihefeiern machten Mut. Wie zuvor von den Experten empfohlen, hatte ich natürlich auch einen Gag eingebaut, der ein gewisses Risiko beinhaltete. Wie gesagt, es sollten alle im Saal befindlichen Generationen angesprochen werden. Ich dachte, ich spreche sie direkt an. So weit, so unoriginell. Die Ansprache an die älteste im Saal befindliche Generation – also die Großeltern – begann so: »Und nun noch ein paar Worte an die ›Alten‹ in den hinteren Reihen« – das Ganze mit einer eingebauten Kunstpause und dem unmittelbaren Lächelangriff in den Saal. Zugegeben: Ein nicht wirklich mutiger Witz. Auch kein besonders provokativer. Aber bei der ersten Rede geschah dies: fünf Sekunden völlige Stille. Gefühlt waren es Stunden. Erst das mittelengagierte Kichern der jungen Leute in der ersten Reihe machten die Ansprache zu dem, was sie sein sollte: Ein kleiner Scherz zur Erheiterung der Anwesenden. Nach sieben Sekunden hätte das Bundestagprotokoll verzeichnet: Heiterkeit bei allen Anwesenden. Ich danke den jungen Leuten bei jeder Rede aufs Neue in Gedanken.

Besonders interessant war übrigens auch die Übergabe der Jugendweiheurkunden: Die Jugendlichen wurde in groben Zehnergruppen auf die Bühne gebeten in einer exakt vorher bestimmten Reihenfolge, damit die namentlich gekennzeichneten Urkunden auch an den oder die richtige übergeben werden konnten. Dies klappte. Die Aufgeregtheit, die schweißnassen Hände der jungen Leute sind anrührend, weil die dem Alter entsprechend zur Schau getragene Coolness mit Betreten der Bühne schlagartig verflogen ist. Ähnlich übrigens wie beim Festredner.

Nach rund sechs Jahren kann ich nunmehr behaupten, ebenfalls ein Jugendweihexperte geworden zu sein. Die Maiwochenenden werden in meinem Kalender geblockt, um möglichst viele Jugendweihereden halten zu können. Aus dem Westen kannte ich diese Tradition, die etwas von einem großen generationenübergreifenden Feiertag hat, nicht. Vergleichbar ist es wahrscheinlich mit der Kommunion oder Konfirmation, die ich allerdings auch nur von meinen damaligen, getauften Freunden kannte. Auch dort waren die Geschenke üppig und die Feier groß.

Nur ich guckte mal wieder in die Röhre.

B 1000 oder Bulli

2009 stand erneut der Bundestagswahlkampf an. Aufgrund der guten Umfragen für meine Partei, die in Ostdeutschland besonders gut waren, stand fest, dass auch ich einen originellen Erststimmenwahlkampf durchführen muss. Also gab es diverse Überlegungen, was haben wir, was sie nicht haben. Zu beachten war, dass sich der Wahlkreis zwischenzeitlich flächenmäßig fast verdoppelt hatte. Grund war, dass die Menschen massiv das Land verlassen hatten. In der Folge verlor Sachsen-Anhalt einen Wahlkreis und musste die verbliebenen dementsprechend verändern und vergrößern. Sinnbildlich kann man daran alle Probleme des Ostens erkennen, abgebildet in einer Wahlkreisreform. Aber zurück zum Thema. Die neue Größe des Wahlkreises erforderte ein Gefährt, das auffällt und mindestens einen Wahlkampf lang durchhält.

Aus der Tiefe der Bürobesprechung kam ein Vorschlag: Wir motzen – oder neudeutsch »pimpen« – meinen Barkas auf und machen den zum Wahlkampfgefährt. Der eine Teil war hocherfreut und konnte umgehend von seiner Feuerwehrzeit oder einem durchlittenen Krankentransport berichten. Dies verstand ich nicht, weil ich mit dem Barkas nichts anfangen konnte. Zumal die Erfreuten gar nicht Barkas sagten, sondern liebevoll und selbstverständlich vom B 1000 redeten. Die Begeisterung war so groß, dass ich nunmehr auch dafür war, den B 1000, von mir als »B eintausend« tituliert, zum Wahlkampfmobil zu machen. Die Titulierung als »B eintausend« führte unmittelbar zu gehässigen und genervten Blicken. Dann die Nachhilfe: Niemals, niemals, niemals sagt man »B eintausend«, richtig heißt es »B tausend«. Wird dies nicht beachtet, ist man umgehend als unwissender Wessi identifiziert und wird nicht mehr ernst genommen. Mithin wäre der Wahlkampf substantiell gefährdet. Man wäre einfach draußen.

Diese Vehemenz der Kritik ließ mir keine andere Möglichkeit, als mich über den B 1000 zu informieren. Einem Wessi kann man es am besten so erklären: Der B 1000 war und ist der Bulli des Ostens. Oder umgekehrt der B 1000 des Westens heißt VW-Bulli. Da ich als gebürtiger Wessi durchaus diverse Erinnerungen mit dem Bulli verbinde und mir auch diverse Anekdoten zum Thema einfielen, war schnell entschieden, den Bulli des Ostens zum zentralen Wahlkampffahrzeug zu erklären.

Bevor der B 1000 aber losrollen und losrattern konnte, musste das Gefährt erst mal auf Vordermann gebracht werden. Konkret: Ersatzteile waren nötig und die Farbe musste von weiß auf – wie sollte es anders sein – rot umgespritzt werden. Nun befinden sich in meinem Umfeld viele Kopfarbeiter, aber zu wenig B 1000-kompatible KFZ-Mechaniker. Was tun? Über diverse Umwege konnten wir Kontakt zu Genossen aus Thüringen herstellen. Diese sehr speziellen Genossen haben eine sehr spezielle Leidenschaft: B 1000 Fahren, Umbauen, Ausbauen, Anbauen und Aufbauten dranbauen. Lange Rede, kurzer Sinn: So wie es Bulli-Fans samt Clubheimen gibt, gibt es das Ganze eben auch für den B 1000. Von ebendiesen konnte ich viel lernen. Schlussendlich war der B 1000 neu hergerichtet, ein Bett eingebaut, eine Lautsprecheranlage auf das Dach montiert und – sehr wichtig – einen Kühlschrank installiert. Besonders letzteres hatte eine gewisse lebenserhaltende Funktion: Der B 1000 rollte in einem extrem heißen Spätsommer durch den

Wahlkreis Anhalt und hatte natürlich keine Klimaanlage. Nur der Kühlschrank mit mittelkühlen Getränken und der Fahrtwind führten zu ein wenig Erfrischung.

Die Reaktionen auf den mit meinem Konterfei bedruckten B 1000 waren sensationell. Winkende Bürger, hunderte Fachgespräche über alle Fragen rund um den Fahrzeugpark der Deutschen Demokratischen Republik bewiesen: Die Massen konnten vom B 1000 begeistert werden. Ein wenig bitter war natürlich, dass das Winken nicht meinem Konterfei, sondern dem rumpelnden Barkas galt. Aber geschenkt. Die Aufmerksamkeit war da, das Eis war gebrochen.

Der eigentliche Favorit des Wahlkreises hatte einen Mercedes Smart zu seinem zentralen Wahlkampfmobil gemacht. Ich denke, dies war ein entscheidender Fehler: Natürlich entscheidet das Auto nicht zwangsläufig über das Gewinnen oder Verlieren eines Wahlkreises. Aber ein ordentlich gepimpter B 1000 ist ein entscheidender Vorteil.

Schlüpper-Westpakete

Wenn der Bundestag in den Nicht-Sitzungswochen eben nicht zu einer Sitzung zusammenkommt, dann ist sogenannte Wahlkreiswoche. Das heißt, dass die Abgeordneten in ihren Wahlkreisen unterwegs sind. Was soll man sich darunter vorstellen? Mein Wahlkreis »Anhalt« wurde 2007 neu geschnitten, da zu viele Menschen weggezogen waren. Nun besteht der Wahlkreis aus dem Landkreis Anhalt-Bitterfeld, kurz ABI und dem größten Teil des Salzlandkreises, kurz SLK. Als engagierter Abgeordneter versuche ich natürlich so viele Termine und Besuche zu absolvieren wie irgend möglich. Wenn man dann auch noch direkt gewählt wurde, heizt dies das Wahlkreisengagement zusätzlich an. Also: In Wahlkreiswochen besucht man Vereine, Verbände, Kleingartenvereine, Gewerkschaften, Bürgermeister und Landräte, Unternehmen, Feuerwehren, soziale Einrichtungen, Baustellen und kommt mit engagierten Ehrenamtlichen zusammen. Diese Termine sind in der Regel interessant und machen Spaß, weil man mit normalen Menschen zu tun hat, mit denen man normal reden kann – was in Berlin nur bedingt möglich ist. Etwas weniger Freude bereiten im Wahlkreis in der Regel die hochoffiziellen Empfänge oder die obligatorische Inbetriebnahme eines neuen Straßenteilabschnitts (egal wie lang und sinnvoll der auch sein mag). Dort drängeln sich dann nämlich alle möglichen mehr oder weniger wichtigen Menschen um eine Schere, die ein rotes Band symbolisch durchschneidet. Beliebt ist auch das Drücken eines roten Knopfes als Symbol der Inbetriebnahme zum Beispiel einer neuen Produktionsstrecke. Ich versuche, von diesen Terminen möglichst wenige wahrzunehmen, da man dann selber automatisch zu den mehr oder weniger Wichtigen zählt, die Lust haben, mit zwanzig anderen einen Knopf zu drücken.

Das Herzstück meiner Wahlkreisarbeit liegt aber woanders: Seit ich im Wahlkreis unterwegs bin, finden mehrmals monatlich sogenannte Bürgersprechstunden statt. Dabei muss ich erklären, dass es durchaus unterschiedliche Ausformungen einer Bürgersprechstunde geben kann. Ich kenne einige Abgeordnete, die per Pressemitteilung ankündigen, dass sie am soundsovielten in der Zeit von soundsoviel Uhr in ihrem Büro eine Bürgersprechstunde anbieten. Will man an dieser Sprechstunde teilnehmen, müsse man sich telefonisch in der und der Zeit anmelden. Bei diesem Verfahren ist zumindest für eines gesorgt: Es kommt in der Regel keiner. Falls es keine telefonischen Anmeldungen gibt, dann ist der Abgeordnete selber gar nicht da. Wenn man also als Abgeordneter möglichst wenig Bürger treffen möchte, sollte man dieses Verfahren wählen. Denn: Überhaupt in das Büro eines Abgeordneten zu gehen beinhaltet eine enorme Hemmschwelle, da Politiker nun nicht gerade die allergrößten Sympathieträger sind. Wenn man sich aber vorher auch noch telefonisch anmelden muss, dann sind so viele mentale und praktische Hürden errichtet, dass man es gleich sein lassen kann.

Wie man sich nun denken kann, habe ich eine weniger bürgerabschreckende Variante der Bürgersprechstunde gewählt. Seit nunmehr fast sieben Jahren veranstalte ich meine Bürgersprechstunden auf den Plätzen und Wochenmärkten im Wahlkreis: Mit dabei sind ein Stehtisch, roter Schirm, Notizblock und ein bis drei Flyer zu aktuellen Themen, gerne auch meine Wahlkreiszeitung »KOKO«. Seit Jahren stehe ich so auf den Wochenmärkten, was dazu führte, dass ich akzeptierter Teil des Stadt- und/oder Dorfgeschehens bin und viele nicht nur mit einem konkreten Anliegen kommen, sondern gerne auch auf einen Plausch. Man erfährt dort, was so im Wahlkreis passiert. Ebenso kommen ziemlich oft Menschen, die ein konkretes Problem haben, beispielsweise Stress auf dem Amt. Hier kann ich mal unmittelbar helfen – indem ich zum Beispiel einen Bescheid prüfen lasse oder direkt selber im Amt anrufe. Hin und wieder kann man so einen politischen Erfolg verbuchen.

Vor einiger Zeit aber begab sich Folgendes in ebenjener Sprechstunde auf dem Markt: Zwei Markthändler kamen an mein Tischchen mit einem Anliegen, das in den nächsten Wochen zum wesentlichen Schwerpunkt meiner Wahlkreisarbeit werden sollte. Jene Händler handelten mit einem umfangreichen Sortiment an Unterwäsche, Bademänteln und Schlüppern, wie man so schön sagt. Das machen sie schon seit Jahren bei Wind und Wetter. Nach so langer Zeit haben sie natürlich auch Stammkunden, besonders ältere Bürgerinnen und Bürger gehören dazu. So weit, so alltäglich. Vor kurzem allerdings muss ein leitender Angestellter der Stadtverwaltung in seinem Urlaub auf einem Wochenmarkt in Süddeutschland gewesen sein, wo die Auslagen aufgrund des gigantischen Pro-Kopf Einkommens in dieser Gegend drapiert gewesen sein müssen wie im Designerladen oder einem Yuppie-ich-zieh-aufs-Land-Magazin. Kleine, wohlhabende Händler verkaufen fünf Bioäpfel für vier Euro an Studienräte und andere Grünenwähler oder was weiß ich. Auf jeden Fall müssen diese Stadtverwaltungsmitarbeiter gedacht haben: Solch einen Nobel-Wochenmarkt wollen wir auch. Und daher entziehen wir den beiden besagten Händlern ihre Lizenzen. Wir wollen nur noch Obst und Gemüse, aber keine Schlüpper mehr auf dem Markt. Mit diesen Bescheiden also kamen die verzweifelten Händler zu mir. In der Tat bedeuteten diese Bescheide das wirtschaftliche Aus für die beiden. Was tun? Zunächst erkundigte ich mich beim Amt, ob dies alles stimme oder ein Versehen sei. Es stimme alles. Dann schrieb ich die Oberbürgermeisterin an und fragte, ob dies alles stimme und ob es eigentlich sinnvoll sei. Antwort: Es stimme und es sei sinnvoll. Ich allerdings hielt diese Idee zusammen mit den beiden Marktbeschickern für völlig unstimmig und sinnlos. Ich dachte mir daher, dass jetzt nur noch öffentlicher Druck helfen würde. Schnell organisierten wir eine Unterschriftensammlung, erstellten ein Flugblatt, versuchten, die Lokalpresse für das Thema zu erwärmen, und informierten die Kommunalpolitiker.

Nachdem mein Mitarbeiter und ich das Ding zum Rollen gebracht hatten, geschah etwas, was man in der Politik nun wirklich nicht täglich erlebt: Massenhaften Zuspruch und den Willen, diese Willkürentscheidung zu verhindern. Wirklich unzählige Menschen kamen zu meinem Bürgersprechstundentisch, umlagerten ihn, diskutierten und waren bereit, sich zu engagieren. Eine Unterschriftenliste nach der anderen füllte sich, aber von Seiten der Stadt war kein Signal des Einlenkens in Sicht. Daher organsierten wir die nächste Eskalationsstufe: Wir luden kurzfristig zu einer Bürgerversammlung ein, um noch mehr Öffentlichkeit herzustellen. Diese Versammlung fand unter der Woche morgens um zehn statt. Als ich – extra aus Berlin kommend und die Sitzungswoche unterbrechend – um kurz vor Beginn am Veranstaltungsort ankam, traute ich meine Augen nicht: Schlangen am Eingang, drinnen kein freier Platz mehr. Die Stimmung war extrem aufgeheizt, da die Stadt mit demonstrativer Ignoranz reagierte. Eingeladen hatte ich die beiden Markthändler, die berichteten, was die Durchsetzung dieses Bescheides bedeuten würde. Danach hatten die überaus zahlreich erschienenen Bürger das Wort. Viele machten darauf aufmerksam, dass sie auf ein breites Marktangebot angewiesen seien und nur schwerlich in andere Städte der

Umgebung reisen könnten. Wiederum andere machten auf die soziale Funktion des Austausches und der Begegnung auf dem Markt aufmerksam. Alles in allem wirklich überzeugende Argumente. Dann kam aber aus der vorletzten Reihe des Raumes eine Wortmeldung, die keiner erwartet hatte und die bei aller Empörung und Ernsthaftigkeit zu einem anfänglich leisen allseitigen Schmunzeln führte, das schließlich anhob zu einem Sturm von Freude und Gelächter: Jene Dame fügte nämlich noch ein weiteres Argument an. Seit vielen Jahren würde sie an jenem Stand einkaufen, eben auch, weil dort eine hervorragende Qualität angeboten wird. Pause. Die Qualität sei so gut, dass sie regelmäßig Produkte dieser Händler zu Freunden und Verwandten in den Westen schicken würde. Pause. Dann der Zwischenruf: »Westpakete!« Ganz kurze Pause, Schmunzeln und schließlich Lachen auf allen Seiten. Mit diesem Argument hatte keiner gerechnet.

Bis heute kann ich nicht sagen, wie viel Augenzwinkern bei dieser Wortmeldung dabei war. Diese Episode aus der täglichen Wahlkreisarbeit zeigt aber in unübertroffener Weise etwas Besonderes: Wenn man sich um den täglichen Kleinkram der Leute kümmert, dann kann aus einer eigentlich unspektakulären Sache politischer Wirbel entstehen. Diese Dinge bewegen die Menschen, nicht die großen Reden in Berlin. Und es zeigt sich am »Westpakete«-Ausruf ein so wunderbarer, reflektierter Sarkasmus des Ossis, dass es eine Freude ist.

Übrigens knickte die Stadt dann ein. Diese Auseinandersetzung wurde gewonnen und ging als »Schlüpperkrieg« in die Stadtgeschichte ein.

Vom Angeln
in Ost und West

Als ich 14 war, habe ich die wohl wichtigste Prüfung meines Lebens abgelegt: die Angelprüfung. Seitdem hänge ich an diesem sympathischen Hobby. Einem Nichtangler muss man kurz etwas erklären. In Deutschland kann man natürlich nicht einfach angeln gehen. Man ist ja in Deutschland. Hier hat alles seine Ordnung, Verordnung und Regelung. In Dänemark zum Beispiel bekommt jeder für ein paar Kronen einen Angelschein an der Tankstelle und kann dann soviel angeln wie er will. Ein Alptraum für deutsche Angelbürokraten. Was muss man also tun um in Deutschland ein ordentlicher Angler zu werden? Als erstes muss man herausfinden, wann ein offizieller Kurs zur Erlangung des Fischereischeins stattfindet. Klar, dass der Kursleiter ein staatlich geprüfter sein muss. Hat man sich dort angemeldet, muss man soundso viele Stunden Lehrgang absolvieren. Wie beim Führerschein. Es geht besonders um Fisch- und Gewässerkunde. Dann gibt's die offizielle Prüfung. Wenn man die erfolgreich bestanden hat, hat man das Recht, sich einen Fischereischein des jeweiligen Bundeslandes zu besorgen. Den gibt's natürlich nicht im Anschluss an die Prüfung, sondern man muss – klar – zum Amt. Wenn jetzt jemand meint, er könne nunmehr drauf los angeln, so täuscht er sich grundlegend. Mit dem Fischereischein hat man nun erstmal das Recht einem Verein beizutreten, der wiederum die Rechte an der Fischerei in der Region vergibt. Also muss man – wie sich das in Deutschland gehört – Mitglied in einem Verein werden, um den lokalen Fischereierlaubnisschein zu bekommen, der wiederum erlaubt, vor Ort angeln zu gehen. Wenn man nur ein Wochenende anwesend ist, kann man sich beim Verein bei Vorlage des Fischereischeins eine Tageskarte kaufen. Dafür muss man dann nicht Mitglied im Verein werden. Natürlich gibt es auch diverse Bestimmungen: So darf man in der Regel mit einer Spinnrute oder aber zwei Raubfischruten (da hängen dann tote Fische dran, um größere lebende Fische zu fangen) auf die Pirsch gehen. Mit der Spinnrute zieht man Blechköder oder Gummifische durch das Wasser. Immer wieder, stundenlang. Bis etwas anbeißt oder eben nicht. Meistens fang ich nichts. Aber darauf kommt es nicht an.

Wer nun Lust bekommen hat sich noch intensiver mit dieser Freizeitbeschäftigung auseinanderzusetzen, kann eine ganze Reihe von Zeitschriften zu Rate ziehen. Zunächst gibt es den »Blinker«. Der Blinker ist der »Stern« unter den Anglerzeitschriften und er bedient das gesamte Angelspektrum: Raubfisch, Friedfisch, Ködertipps, Süß- und Salzwasserangeln. Für den Hipster unter den Anglern empfiehlt sich die Zeitschrift »Fisch und Fang«. Diese ist die »Neon« unter den Zeitschriften für Angler. Sie wird vorwiegend von jungen Redakteuren gestaltet. Wer einmal die Woche die komprimierte Form der Neuigkeiten im Angeluniversum wünscht und wenig Zeit oder Lust auf intensive Lektüre hat, dem sei die Bild-Zeitung der Angler empfohlen: Die »Angelwoche« bringt alles kurz, knapp und mit bunten Fotos auf den Nenner. Dann gibt es weiterhin einige nicht minder uninteressante Spezial-Angelzeitschriften: Etwa »Kutter und Küste«, in der es um Angeln vom Kutter oder an der Küste geht. Wie der Name schon sagt. »Fliegenfischen« beschäftigt sich mit der noblen Variante des Angeln. Fliegenfischer sind aus dem Film »Aus der Mitte entspringt ein Fluß« bekannt, wo Brad Pitt die Fliegenrute schwingt. Dann gibt es die Zeitung, die ich gerne lese: »Der Raubfisch«. Hier geht es logischerweise um Tipps und Reportagen, wie man Hecht, Zander oder Wels fangen kann. Diese erscheint im zwei Monatsrhythmus und hat einen nicht übertriebenen Umfang. Außerdem gibt es noch »Rute und Rolle« und unzählige Sondertitel, die sich dem Aal, der Äsche oder der Meerforelle widmen. Wer dies alles durchgearbeitet hat, ist up to date und kann eigentlich loslegen, wenn es nicht die zuvor benannten Auflagen geben würde.

Soweit also zu den deutschen Spezifika beim Angeln. Was hat das Ganze nun mit Ost und West zu tun?

Mit der Vereinigung 1990 vereinigten sich ja nicht nur zwei Staaten zu einem, sondern auch alle möglichen Verbände: Fußballer, Handballer, Kegler und was weiß ich für Vereinigungen bildeten fortan einen gemeinsamen Verband. Allerdings gibt es da eine Ausnahme. Die Angler. Im Westen gab und gibt es den VDSF, den Verband Deutscher Sportfischer. Im Osten gibt es den 1954 gegründeten DAV, den Deutschen Anglerverband. Beide Verbände befinden sich immer mal wieder in Fusionsverhandlungen. Das kenne ich. Das kann anstrengend sein. Bis dato wurde das aber nix, da sich der kleinere ostdeutsche DAV strikt gewehrt hat, sich vom größeren Westbruder schlucken zu lassen. Ende 2012 war die Fusion fast perfekt, es fehlten nur ein paar Stimmen – die fehlten übrigens im Westverband. Seit einigen Jahren bin ich Mitglied im Bitterfelder Anglerverein und damit Mitglied im ostdeutschen DAV. Ich dachte immer, Angeln in Ost und West ist gleich: Man zieht los, verbringt einige Stunden – die Harten auch einige Tage – am Wasser, fängt meistens nichts und kann es kaum abwarten am Wochenende darauf wieder loszuziehen in der irrigen Annahme, dann auf jeden Fall etwas zu fangen, da man ja am Wochenende zuvor nichts gefangen hat. Weit gefehlt!

Zwischen beiden Verbänden gibt es neben der gemeinsamen Leidenschaft für diese spannende und interessante Freizeitbeschäftigung aber auch Unterschiede, die etwas mit der Geschichte und Philosophie des jeweiligen Verbandes zu tun haben. Ich versuche mal, das so neutral wie möglich darzustellen, da ich ja meine Prüfung mit 14 im VDSF-Gebiet (West) gemacht habe und nunmehr aktiv im DAV-Gebiet (Ost) angle. Außerdem habe ich mit vielen Zeitzeugen des DAV Gespräche geführt, um das spezifisch Ostdeutsche am Angeln zu lernen: In der DDR gab es so ab 1960 eine einheitliche Angelberechtigung. 1954 hatte der DAV 74.000 Mitglieder, 1990 waren es 514.000 Mitglieder. DAV-Veteranen berichteten mir, dass das Angeln im wahrsten Sinne des Wortes ein Volkssport war und zudem ein angenehmer Freiraum in der DDR gewesen ist. Es war angenehm unbürokratisch, was man ja wohl nicht von allen Bereichen in der DDR sagen konnte: Mit einer Angelkarte konnten fast alle Gewässer beangelt werden. Angeln im Osten war also eine reichlich genutzte Nische, aber auch stets Gemeinschaftserlebnis, wie das allseits beliebte Gemeinschaftsangeln bis heute beweist.

Der VDSF war und ist eher Dachverband der jeweiligen Vereine vor Ort. Das bedeutet, dass man zum Beispiel an einem langen Kanal, wenn man ihn über eine längere Strecke beangeln will, drei oder vier einzelne Erlaubnisscheine braucht, weil der Kanal von drei oder vier Vereinen gepachtet wird. Im Osten dagegen gibt es den sogenannten Gewässerfond. Wie dargestellt, gab es in der DDR eine Karte für alles, wenn man so will. Die Idee überlebte auch 1990 und so kann ich als DAV-Mitglied in allen DAV-Gewässern in Ostdeutschland angeln. Ein Schein für alle. Kurz: Die DDR und nun Ostdeutschland sind der liberalere Teil Deutschlands – zumindest in Sachen Angelei.

Zudem gab es in Westdeutschland viele Anfeindungen gegen die Angler. Dieser Druck führte zu äußerst restriktiven Auflagen bei der Angelei und zu einem Verständnis im VDSF, der besonders die Rolle des Naturschutzes betonte.

Diese Unterschiede bedürfen unbedingt einer tiefergehenden soziologischen Untersuchung.

Bei allen Unterschieden ist den Anglern in Ost und West aber gemeinsam, dass man in erster Linie seine Ruhe haben will. Diese braucht man im Übrigen auch, wenn man den Ansatz von Erfolg beim Angeln haben will.

Stärker als alle Auseinandersetzungen zwischen den Verbänden und Verbandsfunktionären ist aber die gemeinsame Hoffnung auf den Fang unseres Lebens am nächsten Wochenende. In Ost und West.

Straßennamen und EU-Mittel

Als ich 2005 begann, in meinem Wahlkreis aktiv zu werden, fielen mir besonders die oftmals extrem unterschiedlichen Straßennamen auf. In der Kleinstadt im Teutoburger Wald, wo ich aufgewachsen bin, gibt es zum Beispiel bis heute eine Hindenburgstraße. Da bin ich natürlich dagegen! Der fortschrittlichste Straßenname dort war Graf-Stauffenberg-Straße, gut getarnt in einem ruhigen Wohngebiet. Ich war dort mal im Stadtrat und hab einen Antrag eingebracht, die Straßen und Wege in einem Neubaugebiet nach Schriftstellern der Weimarer Republik zu benennen. Doof, dass die fast alle links waren. Daher musste der Antrag von der CDU-Mehrheit natürlich abgelehnt werden. Da lief einigen ein Schauer über den Rücken: Tucholsky und Mann. Da sind die Kommunisten nicht mehr weit. Es wäre eine hübsche Idee, die alten Stadtratskollegen mal in meinen Wahlkreis einzuladen und mit ihnen eine ordentliche Ortsbegehung zu machen. Friedrich-Engels-Straße, Ernst-Thälmann-Platz, Wilhelm-Pieck-Straße, Straße der Chemiearbeiter, Straße der Jugend und so weiter und sofort. Ein Straßennamenalptraum für westdeutsche, konservative CDU-Kommunalpolitiker, die Mitglied im Bau- und Verkehrsausschuss sind.

Nun ja. Viele Straßennamen wurden ja 1990 folgende getilgt. Als ob man durch eine Straßenumbenennung Geschichte und persönliches Erleben in eben einer Karl-Marx-Straße zum Beispiel entsorgen könnte. In der Nähe des Reichtagsgebäudes wurde die Clara-Zetkin-Straße in Dorotheenstraße umbenannt, weil Kohl und seine Truppe es nicht ausgehalten hätten, in einer Straße mit dem Namen Clara Zetkins zu residieren. Kleinlich nennt man das wohl.

Wie dem auch sei. Viele Namen verschwanden. Aber eben nicht alle. Im Sommer mache ich im Wahlkreis immer eine Sommertour. Bietet sich ja an, weil der Bundestag zwei Monate Pause macht. Bei diesen Touren geht's kreuz und quer durch den Wahlkreis und wir bauen überall Infostände auf. Auf einer Sommertour hat man etwas mehr Ruhe, um sich umzusehen und zu gucken, was sich so entwickelt. Diesen Sommer entdeckte ich etwas Ausgezeichnetes.

Wenn in diesem Land irgendwo irgendwas gebaut, renoviert, entkernt, gepflastert, asphaltiert, betoniert, begrünt, erneuert oder umgestaltet wird, geht das immer einher mit einem überdimensionierten Hinweisschild, auf dem steht, wer der ausführende Architekt ist. Viel größer ist darauf allerdings vermerkt, dass das Ganze mit Mitteln der Europäischen Union und der Bundesrepublik Deutschland finanziert wird. Als ich also mit einem Kaffee in der Hand in der Nachmittagssonne stand, fiel mein Blick direkt auf solch ein übergroßes Schild. Dort stand in herrlichem Bürokratendeutsch: »Mit Mitteln der Europäischen Union und der Bundesrepublik Deutschland: Umgestaltung des Leninplatzes«.

Ich muss wirklich meine ehemaligen Stadtratskollegen aus dem Teutoburger Wald einladen. Das müssen sie sehen.

Kalter Krieg
eher nicht angesagt

In der tief katholischen Gegend, in der ich als Jugendlicher begann, Politik zu machen, war meine damalige Grünen-Mitgliedschaft schon etwas problematisch. In der Kleinstadt hatte die CDU immer die absolute Mehrheit, die Sozen – zu denen etwa mein Vater gehörte – waren schon halbe Außerirdische und sicherlich irgendwie über diverse Umwege von Moskau beeinflusst. Gut, die Darstellung ist etwas zugespitzt. Die meisten Schwarzen waren menschlich immer ganz o.k. zu den Sozen. Das hatte den Grund, dass die Schwatten wussten, dass die Sozen ohnehin niemals eine Mehrheit im Ort bekommen würden. Da konnte man das Herz ein wenig für den missratenen Nachbarn öffnen. Klar war für mich, dass ich nicht zu den Sozen gehen konnte, da dort ja schon mein Vater war. So landete ich dann bei den Grünen. Jeder macht Fehler im Leben. Aber damals war es für mich in Ordnung und man konnte damit in der Kleinstadt noch einige ärgern. Nicht vorstellbar war es damals, in die PDS zu gehen, die existierte vor Ort gar nicht. Es gab zwei aus der DKP, die mir allerdings kulturell ähnlich fremd waren wie die Schwatten. Die avantgardistische Attitüde war nicht mein Ding.

Als ich Ende der Neunziger dann doch klugerweise in die PDS eintrat, war das für die gesellschaftliche Reputation nicht der wirkliche Bringer. Wir blieben doch eher politische Outlaws. Der Kontakt zu anderen Parteien fand de facto nicht statt. Ich bewundere bis heute diejenigen Genossinnen und Genossen, die sich Anfang der neunziger Jahre mit einem PDS-Schirm in die westdeutschen Innenstädte vorwagten. Das war in der Tat ein mutiger Einsatz, zum Teil mit dem Risiko der körperlichen Beeinträchtigung. Die Ursachen sind bekannt. Ein obskurer, herbeifantasierter Antikommunismus und ein am realexistierenden Sozialismus bewiesener, eher sachlicher Antikommunismus in der BRD. Beides damals ungünstig, um Punkte im westdeutschen Klassenkampf zu sammeln.

Aber die Zeiten haben sich geändert. 2005 kam ich durch diverse Zufälle nach Sachsen-Anhalt, wo ich viel unterwegs bin. Natürlich gibt es auch dort in den Reihen der CDUler viele Antikommunisten, an denen der Fall der Mauer offenbar vorbeigegangen ist. Die bekommen geradezu körperliche Krampfzustände, wenn sie einen von den Linken treffen. Pech für sie, dass das recht oft geschieht.

Letztlich aber interessiert das ritualisierte Abgegrenze aus dem Bundestag hier aber niemanden. Am wenigsten die Bürger, die das alles bestenfalls für infantiles Kindergartengetue halten. Fast genauso wenig Verständnis bringt ein Großteil meiner kommunalpolitischen Kollegen besonders aus CDU und FDP, letztere soweit noch vorhanden, für diesen Berliner Kalten-Krieg-Karneval auf.

Mehrmals im Jahr gibt es Anlässe für diverse Empfänge oder Feierlichkeiten in meinen Wahlkreisbüros: Sei es der Sommer, eine Ausstellungseröffnung, ein Bürojubiläum oder die Renovierung eines oder mehrerer Büroräume. Dazu werden alle möglichen Leute eingeladen: aus den Vereinen, der Verwaltung, den Unternehmen und natürlich der Kommunalpolitik, angefangen vom Landrat über die Bürgermeister und so weiter. Interessant ist, dass insbesondere gerne einige Honoratioren mit CDU-Parteibuch kommen und außerdem besonders gerne besonders lange bleiben. Geduzt wurde ich als integrationswilliger Wessi eigentlich sofort. Dass Vertreter der LINKEN und der CDU so lange friedlich zusammensitzen und dabei einige Getränke trinken, war damals nicht unbedingt in meinem Erwartungshorizont. Gut war, dass mich die örtlichen Genossen, besonders die Älteren, stets aufklären konnten, wer wer ist – und besonders wichtig – wer was mal war und gemacht hat! So hab ich schnell verstanden, dass die gegenseitigen Besuche und die oftmals kollegiale kommunale Zusammenarbeit natürlich ein zeitgeschichtlich festes Fundament haben. Auf den besagten Festlichkeiten kennen sich die meisten aus der Nationalen Front des demokratischen Deutschlands. Ob SED, Bauernpartei (die SED vom Land) oder FDJ. Man kennt sich, man mag sich oder ist in herzlicher Abneigung verbunden. Wie in jeder Stadt im Westen eben auch.

Der Unterschied ist aber, dass die ideologischen Schlachten, die im Bundestag und zum Teil im Westen geschlagen werden, im Osten als merkwürdige Rückblicke in die fünfziger Jahren betrachtet werden. Nach einer durchideologisierten Woche im Bundestag mag ich meinen Wahlkreis dann besonders gerne.

Vereinigte Kleingärtner

Hätte mir zu meiner Studentenzeit jemand erzählt, dass einer meiner politischen Schwerpunkte der nächsten Jahre die Massenorganisation der Kleingärtner sein sollte, so hätte ich dies nicht zwingend für wahrscheinlich gehalten. Das sollte sich aber mit meiner Wahl in den Bundestag ganz schnell ändern. Die Frage der Unterschiede zwischen Ost und West sollte natürlich auch Gemeinsamkeiten einbeziehen. Die findet man vielleicht am ehesten bei den Kleingärtnern. In einem langen Gespräch mit einem SPD-Abgeordneten aus dem Ruhrpott habe ich meine Erfahrungen verglichen und diverse Gemeinsamkeiten, aber auch Nuancen der Differenz feststellen können. Klar ist schon mal: Wer vor Ort politisch mitspielen will, muss ernsthaften Kontakt zu den Kleingärtnern pflegen.

Wie der Landrat oder Bürgermeister, so wurde auch ich vor kurzem zu einer Kleingarten-Jubiläumsfeier eingeladen. Das Ganze läuft in etwa so ab: An einem Sonntag beginnt die Party mit Frühschoppen, es folgen Dosenmusik, eine kurze Mittagspause und schließlich der Höhepunkt. Kaffee und Kuchen mit den Ehrengästen. Zu letzteren gehörte ich auf dieser Feier. Interessant und etwas unangenehm dabei war, dass den Ehrengästen ein Ehrentisch zugewiesen wurde, der etwas abseits stand und an dem nur andere Ehrengäste und temporär Mitglieder des Vorstandes der Gartenfreunde saßen. Temporär deshalb, weil die Vorstandsleute meistens unterwegs waren, um die Party am Laufen zu halten. Dann sitzen die Ehrengäste unter sich. Blöd ist, wenn sich die Ehrengäste nichts zu sagen haben. Dann tobt überall die Feier, nur am Ehrentisch ist Ruhe.

Als die offiziellen Reden vorbei waren und selbstgebackener Kuchen in übertriebenen Mengen verzehrt wurde, geht es auf zum eigentlichen Höhepunkt für die Ehrengäste. Der Rundgang. Der Rundgang beginnt, indem der Vorsitzender des Vereins sich erhebt und die Gäste auffordert, ihm zu folgen, denn es beginne nun der Rundgang. Der Rundgang führte quer durch die Kleingartenanlage. Halt gemacht wurde natürlich bei besonders gepflegten Gärten oder bei besonders aufwendig ausgebauten Lauben oder Buden, wie einige sagen. Wie in jedem Verein, in jedem Parlament und besonders in jeder Partei, gibt es natürlich auch in Kleingartenvereinen schwarze Schafe. In Kleingartenvereinen sind das diejenigen, die den Garten und ihre Bude verrotten lassen. Aufgrund der Ungepflegtheit ebenjener Kleingärten waren die Missetäter beim Rundgang schnell zu identifizieren. Der Vorsitzende erhöht das Tempo, je näher man dem Schandfleck kommt. Im Vorbeigehen merkt er kurz und knapp an: »Die fliegen jetzt raus, haben den Brief schon bekommen.« Die Gäste nehmen diese Entscheidung in der Regel murmelnd zur Kenntnis.

Dieses konsequente Handeln gegenüber den Ausreißern ist in Ost und West wohl ähnlich.

Festzuhalten bleibt, dass man sich mit den Kleingärtnern gut zu stellen hat. Man braucht dafür keinen grünen Daumen. Allerdings ein Faible für Kuchen und Rundgänge.

Sitzungssozialismus in Ost und West

Jeder, der in Deutschland ordentliche Parteipolitik machen will, muss ein Freund von Sitzungen sein. Dabei meine ich: Sitzungen jedweder Art. Zu einer Sitzung gehören eine fristgerechte Einladung inklusive Tagesordnung, eine Sitzungsleitung (die Kraft unbestrittener Autorität oder aber per Wahl festgelegt wird), eine gültige, möglichst nicht interpretierbare Geschäftsordnung, ein Zeitplan und – je nach Größe der Sitzung – eine Begrenzung der Redezeit. Letztere muss in der Regel per Beschluss am Anfang der Sitzung festgelegt werden. Aus Fraktionssitzungen kann ich berichten, dass heftigste Debatten darüber geführt werden können, in denen die Länge der Redezeit als direkter Anzeiger für die demokratische Verfasstheit der gesamten Gesellschaft analysiert wird und es zu schlimmsten Verwerfungen kommen kann, wenn die Festlegung auf drei Minuten als amtlicher Beschluss der planmäßigen Entdemokratisierung verstanden wird. Denn wir wissen natürlich: Eine andere Redezeit ist möglich.

Was aber haben Sitzungen mit Ost und West zu tun? Kann ein Unterschied im Sitzungssozialismus ernsthaft festgestellt werden? Er kann.

Zunächst gelten in Ost und West dieselben Kriterien für eine ernstzunehmende Sitzungskultur, wie sie oben verallgemeinert skizziert wurde. Und es gibt eine weitere, auch empirisch beweisbare Gemeinsamkeit – die visuelle Gestaltung einer Sitzung oder Versammlung. Wenn also eine Sitzung oder eine Versammlung öffentlich stattfindet, wird der Raum, der meistens ein Hinterraum in einer Lokalität ist, geschmückt. Eine Standard-Schmuck-Ausstattung besteht in der Regel aus Wimpeln, die entweder in die Blumenpötte auf dem Tisch gesteckt werden oder aber in Dreiergruppen in einem Glas oder Becher stehen. Je nach Anzahl bzw. Länge der Tische können sich so bis zu dreißig Wimpel bzw. Winkelemente in einem Raum befinden. Ebenfalls dazu gehört das Anbringen von Plakaten mit diversen Forderungen der eigenen Partei. Auffällig dabei ist, dass wir Protagonisten meistens vergessen, vernünftiges Klebeband mitzubringen. Daher werden die besagten Plakate, die schon mehrfach genutzt wurden, oft mit schlechten Tesafilmresten angebracht. Dies führt in der Regel dazu, dass einige Plakate mitten in der Sitzung herunterfallen oder – das sieht dann wirklich mistig aus – an einer Seite herunterrutschen und fortan schräg hängen. Diese Situation fördert im Übrigen die Unkonzentriertheit, da viele Sitzungsteilnehmer nun nur noch auf das an einer Ecke hängende Plakat schauen, weil die Erwartung groß und realistisch ist, dass das politische Plakat in Kürze gänzlich herunterfallen wird. An dem Tisch am Kopfende, wo die Sitzungsleitung präsidiert und souverän die Versammlung leitet, wird grundsätzlich eine Fahne angebracht. Diese hat die selben Schwierigkeiten wie die politischen Plakate. Mit Tesafilm ist der Stoff nicht festzubekommen. Daher wird die Fahne mit dem Parteilogo oft zu einem Achtel auf den Tisch gelegt und durch das Platzieren von Gläsern gehalten. Allerdings rutscht eine Seite der Parteifahne in dem Moment herunter, indem der Sitzungsleiter einen Schluck trinkt und vergisst, dass das nicht geht, da das Glas ja die Fahne halten muss. Nach den Plakaten hängt somit nun auch die Parteifahne schräg. Soweit zu den Gemeinsamkeiten, die erst mal gesamtdeutsch, parteiübergreifend und sympathisch sind.

Der erste wesentliche Unterschied ist die Anfangszeit von Sitzungen und Versammlungen. Während meines Studiums und meiner Zeit als Kreisvorstandsmitglied meiner Partei im Westen fing die Versammlung samstags in der Regel frühestens um elf Uhr an. Das korrespondierte natürlich ganz gut mit meinen eingeübten studentischen Aufstehzeiten. Als ich 2005 meine neue politische Heimat im Osten betrat, konnte die Sitzungssozialismusanfangszeit nicht kontrastreicher sein: In meinem Wahlkreis beginnen die Versammlungen in der Regel um neun Uhr. Samstags um neun Uhr! Im Übrigen beginnen sie wirklich um neun Uhr mit der offiziellen Eröffnung und der Feststellung der ordnungsgemäßen Ladung. Aus dem Westen kenne ich die Anfangszeit als ct – cum tempore. Also immer 15 Minuten später. Solche Schludrigkeiten musste ich mir ganz schnell abgewöhnen.

Anders ist oftmals auch der Ton der Debatte. Im Westen konnte ich mehrfach erleben, wie heftig Debatten mitunter werden konnten – selbst wenn es nur um eher ideologische Kleinigkeiten ging. Einen anderen Charakter haben auch die Referate. Zu jeder Sitzung oder Versammlung gehört eigentlich ein Referat über die gesellschaftlichen Zustände im Allgemeinen und die Fragen an die Partei im Speziellen. Im Westen wird dies eher kurzgehalten. Im Osten eher länger. Beeindruckt war ich, als ein Ost-Genosse in einem solchen Referat tatsächlich genaue Beschlüsse vergangener Parteitage benannte und analysierte, ob sie eingehalten wurden oder noch in der Beratung sind.

Unterschiedlich ist in einigen Fällen die Lautstärke der Diskussion oder sagen wir: der Grad der Leidenschaft. Im Westen tendenziell energischer und zuspitzend, im Osten hingegen ruhiger. Neudeutsch könnte man auch diskursorientierter sagen. Im Osten muss man zum Beispiel lernen, die Kritik am Bundestagsabgeordneten herauszufiltern, da sie recht wattiert daherkommt. Das kann ich von Versammlungen im Westen wiederum nicht behaupten: Dort ist die Kritik eher betonhart und vor allem ohne jeden diplomatischen Umweg. Beides hat Vor- und Nachteile. Um es mal kompromisslerisch auszudrücken: Eine Mischung wäre gut.

Tja, wenn ich nun meine Sitzunssozialismuserlebnisse Revue passieren lasse, so muss ich doch im Ganzen eine Annäherung zwischen Ost und West feststellen. Insofern ist es eine wichtige Nachricht für alle Menschen, die auf Sitzungen und Versammlungen abfahren, dass die Sitzungsästhetik doch ziemliche Ähnlichkeiten in Ost und West aufweist.

Die beste Nachricht: Wem die Parteiversammlungen im Osten nicht reichen, der kann – trotz der kleinen Unterschiede – ohne große Vorbereitung am nächsten Wochenende an einer Parteiversammlung im Westen teilnehmen. Dann aber erst um elf.

Es stand ja in der Zeitung

In linken Kreisen in Westdeutschland las man in erster Linie die Frankfurter Rundschau. Deswegen lernte ich sie schon als Kind kennen. In der Kleinstadt waren meine Eltern fast die einzigen, die die FR, wie sie Kenner liebevoll abkürzten, abonniert hatten. Insbesondere die Dokumentationsseite der FR war legendär. Dort wurden kritische und linke Hintergrundartikel zu diversen Themen veröffentlicht. Daher schlugen meine Eltern beim FR-Lesen stets zuerst die Dokumentationsseite auf. Das machten fast alle so.

Lange Rede, kurzer Sinn: Wenn man unter Linken oder auch Linksliberalen im Westen diskutierte, bezog man sich in der Regel auf Artikel und Nachrichten aus ebenjener FR. Es gab natürlich noch andere linke Zeitungen und Zeitschriften. Diese waren aber jeweils auf spezielle, oftmals sehr spezielle ideologische Vorlieben begrenzt. Man kann sagen, dass jede kleinere Gruppe, Partei, Bewegung oder eventuelle Massenbewegung ihr eigenes Sprachrohr bzw. Zentralorgan hatte, in dem Klartext geschrieben wurde. Vielen Linken gemein war aber, dass man am Biertisch oder beim politischen Beisammensein nur mitreden konnte, wenn man die FR las. Hieraus bezog man sein Wissen über die Tagespolitik.

Als ich 2005 in den Osten kam, um Politik zu machen, war die FR schon nicht mehr so links und hatte im Übrigen wohl schon einige Probleme. Trotzdem war sie noch wichtig und ich und viele andere im Westen sozialisierte Linke verbinden mit der FR fortschrittlichen, linksliberalen Journalismus. Nun erlebte ich aber etwas Interessantes. Wenn ich zum Beispiel mit meinem Ortsverband, im Linkenjargon auch Basisorganisation genannt, über den Zustand der Partei debattierte, gab es dort Genossen – meistens übrigens keine Genossinnen – die unvermittelt und bestimmt anmerkten, ich oder irgendein anderes Mitglied der Partei- oder Fraktionsführung hätten dies oder jenes gesagt. Auf meine Frage, woher sie das wüssten, wurde geantwortet: »Es stand ja in der Zeitung«. Also dachte ich nach, wann ich welcher Zeitung etwas gesagt haben könnte. Ich dachte an die FR, klar, dann an die Lokalzeitungen. Mehr fiel mir nicht sofort ein. Interessant auch der Hinweis aus der Parteirunde, dass diese Aussage mit dem Parteitagsbeschluss von dem und dem Parteitag übereinstimmte oder eben eine Abweichung von ebendiesem Beschluss darstelle. Im Übrigen haben Gregor Gysi oder Lothar Bisky auf diesem Parteitag dazu dies und das gesagt. Schließlich wurde mir der betreffende Artikel gezeigt. Dabei fiel mir noch etwas auf: Die entsprechende Stelle war mit Lineal und Kugelschreiber unterstrichen. Das ist ebenfalls eine neue Erfahrung gewesen. Viele Genossinnen und Genossen unterstreichen Stellen nicht mit dem Textmarker, was praktischer wäre, da man nur einen Gegenstand dafür braucht, nämlich den Textmarker. In der Regel wird dort mit Lineal und Kugelschreiber markiert. Besonders interessante Artikel werden ausgeschnitten und aufgehoben. Dies ist übrigens eine Parallele zu vielen FR-Lesern. Diese schnitten auch die interessantesten Artikel aus und hefteten sie liebevoll ab.

Mittlerweile bin ich schlauer: Wenn Genossen im Osten sagen: »Ich habe das in der Zeitung gelesen« oder »Ich hab was von dir in der Zeitung gelesen« oder »Dies und jenes stimmt bestimmt, da es ja in der Zeitung stand«, dann kann es nur um eine Zeitung gehen: das Neue Deutschland. Analog zur FR wird das Neue Deutschland von seinen Lesern liebevoll ND abgekürzt.

Somit kann ich nur empfehlen: Wenn man im Osten bei der Linken ordentlich mitdiskutieren will, besser gesagt, wenn man up to date sein will, braucht man Lineal, Kulli und das ND.

Rabatten rausschmeißen?

Mein Wahlkreis in Sachsen-Anhalt hat eine angenehme Eigenschaft. Es gibt fast keine Grünen. Weder Parteimitglieder noch Wähler. Gut, zugegeben, natürlich sind sie mehr geworden, aber es sind immer noch bedeutend weniger als im Westen, wo ja mittlerweile ganze Großstädte von jenen regiert werden, die mit ihrem Volvo-Kombi zum Bio-Supermarkt fahren, um dort im November die Öko-Erdbeeren aus Neuseeland zu kaufen oder so.

Ich bin nicht ganz neutral. Ich war selber mal Mitglied bei den Grünen, in Niedersachsen. Damals war alles besser. Zu dieser Zeit und in der Kleinstadt zu den Grünen zu gehen war der größtmögliche Politschocker. Das war schon ziemlich links. Die PDS gab es in meinem Dorf leider nicht. Das wäre der Horror für einige gewesen. Trotzdem gab und gibt es ja auch noch ordentlich Aufrechte bei den Grünen. Ich hab da viel gelernt. Aber jeder darf ja mal Fehler machen. Ich war jung...

Dann bin ich wegen des Kosovo-Krieges und der ganzen Entwicklung bei denen ausgetreten. Ich hatte ca. zwei Monate die typische Renegatenphase, mit allen bekannten Renegatensyndromen: Ständig musste ich nachweisen, dass die Grünen die Schlimmsten sind. Der Hauptgegner. Verräter. Schlimmer als CDU und CSU und FDP waren die Grünen. So ein Austritt musste natürlich politisch-ideologisch begründet sein. War er ja auch. Nach zwei Monaten klangen die Symptome wieder ab: Ich fand die Grünen fortan ebenso schlecht wie die SPD oder irgendwelche anderen Parteien. Und auch dort gibt es noch eine ganze Reihe anständiger Leute, mit denen man mal ein Bier trinken gehen kann. Oder einen Tee.

In meiner Gegend im Osten trifft man selten Grüne. Letztens veranstaltete ich in meinem Wahlkreisbüro einen Sommerempfang. Dazu laden wir immer alle Parteimitglieder und die Honoratioren der Stadt und des Landkreises ein. Natürlich kommen auch viele Vereinsmitglieder. So auch viele Mitglieder des Anglervereins, der objektiv schwer in Ordnung ist. Überraschenderweise kamen auch drei Mitglieder der Grünen vorbei. Ist okay, jeder ist willkommen, der ganz gutgelaunt und zum Feiern bereit ist. Also hingen wir alle im Sommer bei diesem Wahlkreisbürofest rum. Irgendwann kam eine kleine Abordnung meines Anglervereins zu mir: »Wir müssen dich mal kurz sprechen.« Ich erahnte eine ernste Angelegenheit. »Was machen die von den Rabatten hier?« Kurz musste ich nachdenken, was mit Rabatten gemeint ist. Dann war klar: Es ging um die Grünen. Mehr oder weniger deutlich und mehr oder weniger amüsiert wurde mir zu verstehen gegeben, man könne die Grünen ja auch rausbitten. Natürlich haben wir das nicht gemacht. Aber es gibt ja einen ernsten Hintergrund: Grüne verstehen Angler nicht und Angler verstehen nicht, wie man ein Grüner sein kann. Ich mittlerweile auch nicht mehr. Denn: Die Grünen sind beispiels- und verkehrterweise für den Kormoran und begreifen die ökologischen Zusammenhänge in diesem Bereich nicht. Wir Angler schon. Daher wollen wir ein konsequentes Kormoranmanagement, wie es so trefflich genannt wird. Die Grünen wollen, dass der Kormoran alles leer essen darf. Daher haben Grüne offensichtlich etwas gegen den Aal. Wir sind konsequent für den Aal.

Da die Angelvereine im Osten unendlich viel mehr Mitglieder als die Grünen haben und man für die Grünen den exzellenten Begriff »Rabatten« entwickelt hat, ist dies doch ein unumstrittener Vorteil des Ostens.

Natürlich hängen die betreffenden Grünen-Mitglieder auch weiterhin bei meinen Festen rum. Die Angler sind aber mehr.

Athen, Mykonos, Kreta

Als ich noch jünger war und im Westen vor mich hin lebte, ging ich hin und wieder essen. Wie man das halt in Ost und West so tat und tut. Meistens mit meinen Eltern, wenn irgendwas Besonderes anlag. Das war natürlich immer ein Highlight. Ein besonderes Highlight war dabei der Besuch eines griechischen Restaurants. Die mag ich besonders, weil es dort für Freundinnen und Freunde des Fleischkonsums bemerkenswerte Variationen und Mengen von Fleisch gibt. Dazu wird der berühmte Djuvec-Reis serviert, der eigentlich jugoslawisch sein müsste, wie der Name andeutet. Besonders beliebt beim Griechen sind die gemischten Grillteller oder in der üppigeren Variante auch Grillplatten aus Gyros und Suflaki (Fleischspieße). Die facettenreichere Variante ist dann erweitert um zum Beispiel Souzouki (griechische Variante der Bulette) oder Leber oder Filets vom Lamm. Beilagen können unproblematisch frei gewählt werden, auch wenn auf allen Speisekarten der griechischen Restaurants in Deutschlands grundsätzlich als Beilage »Reis« ausgewiesen ist. Daher wird schon bei der Bestellung automatisch gefragt, welche Beilage man denn wünsche. Alles unproblematisch also.

Sehr unterschiedlich geregelt ist dagegen die Frage des Zaziki. Zaziki gehört zu jedem Gericht beim Griechen, wie ich finde. In einigen Restaurants wird grundsätzlich zu den Platten eine gehörige Portion Zaziki gereicht. Selbst, wenn es nicht in der

Karte ausgewiesen ist. In anderen Restaurants dagegen muss das Zaziki extra bestellt und extra bezahlt werden. In diesen Fällen muss man sich beim Bestellen ein wenig konzentrieren, wenn man ein unbedingter Freund des Zazikis ist.

Wir haben nun in einem kurzen Lehrgang das Basiswissen über griechische Restaurants in Deutschland zusammengefasst. Nun will ich aber schauen, ob es Unterschiede zwischen griechischen Restaurants in Ost und West gibt.

In der westdeutschen Kleinstadt, in der ich aufgewachsen bin und hin und wieder mit meinen Eltern essen ging, gab es ein griechisches Restaurant. Da Grillplatten in Ost und West gleichermaßen beliebt sind, war es dort immer voll. Man musste lange vorher einen Tisch bestellen. Das nächste griechische Restaurant war in Osnabrück, jenseits des großen Waldes.

Nun ist mir im Osten etwas sehr Erfreuliches aufgefallen. Dort gibt es einen wirklich guten Vorsprung in der öffentlichen Daseinsvorsorge. Es gibt offenbar bedeutend mehr griechische Restaurants als im Westen. Allein bei mir in Bitterfeld-Wolfen gibt es ungefähr fünf, ich wiederhole: fünf griechische Restaurants. Diese sind immer gut besucht. Wenn ich mich zum Essen verabrede, gehen wir fast immer zum Griechen und vertilgen eine schöne Grillplatte, mittags einen Grillteller. Einige Male habe ich erlebt, dass es auch griechische Restaurants gibt, die nicht von Griechen betrieben werden, aber trotzdem griechische Restaurants sind.

Ich glaube, dass die griechische-Restaurant-Dichte im Osten wirklich viel höher als im Westen ist. Das ist gut und interessant. Denn griechische Restaurants sind besonders geeignet, mit vielen gemeinsam essen zu gehen. Und als Linker sage ich:»Gemeinsam, nicht alleine!« ist gut. Trotzdem ist die Frage berechtigt, warum es soviel mehr griechische Restaurants im Osten als im Westen gibt. Daher brauchen wir einen engagierten Wissenschaftler, der etwa im Rahmen einer Promotion die Ursachen für diese erfreuliche Restaurantdichte erforscht, analysiert und politische Schlüsse aus seinen Ergebnissen zieht.

Zum Schluss muss aber noch eine absolute Gemeinsamkeit zwischen griechischen Restaurants in Ost und West gewürdigt werden. Jedes griechische Restaurant in der Bundesrepublik Deutschland ist gleich eingerichtet. Das wesentliche, wenn nicht gar ausschließliche Stilelement sind weiß gestrichene Gipssäulen, die die Sitzecken umrahmen und auch sonst überall rumstehen. Egal, ob es sinnvoll ist.

Erst diese zu Millionen in Deutschland rumstehenden weißen Säulen machen ein griechisches Restaurant zu einem griechischen Restaurant. Somit kann ich bei einem Westbesuch sofort und ohne visuelle Umstellung in ein griechisches Restaurant gehen. Wenn ich denn eines finde.

Auf ein Kännchen Kaffee

In Berlin gibt es mittlerweile Kaffee-Manufakturen, Kaffeeläden oder andere noble Cafés, in denen die erlesensten Bohnen unter ohrenbetäubendem Lärm zu Kaffeepulver zermahlen werden. Die Mitarbeiter dieser Läden stopfen das Pulver aus der erlesenen Bohne in gefrierschrankgroße, italienische Kaffeemaschinen. Danach werden die Maschinen mit aufheulenden Motoren hochgefahren, was dermaßen laut ist, dass jegliches Gespräch unmöglich ist und sich hernach ein Fiepen in den Ohren einstellt. Mit der Kraft eines Hochdruckreinigers wird dann das erhitzte Wasser unter konstantem Lärm durch das eingetopfte Pulver geschossen, was den Lärmpegel dermaßen erhöht, dass man spätestens jetzt in die Ruhe der sechsspurigen Schnellstraße vor dem Café flüchten möchte. Dieses Inferno aus Dampf und Krach kann aber noch übertroffen werden. An jenen Profi-Kaffeemaschinen gibt es eine weitere Düse: Diejenige, mit der Milch aufgeschäumt wird. Der Milchschaum wird dann auf den noblen Kaffee gegossen, oder besser gesagt, zärtlich aus der Metallkanne geschabt. Auch dies klingt fürchterlich. In etwa so, als würde man in der Schule mit den Fingernägeln über die Tafel kratzen.

Lange Rede, kurzer Sinn: Wenn man in Berlin einen Kaffee trinken will, ist dies heute kaum noch möglich, sofern man die noble Kaffee-Manufaktur nicht mit einem Hörsturz verlassen will. Ich persönlich bevorzuge daher klassischen Filterkaffee, aus einer klassischen Kaffeemaschine, die nur eine schlichte Heiz-platte braucht und angenehm leise vor sich hin tröpfelt. Au-ßerdem sind diese kleinen, sympathischen Kaffeemaschinen nicht teuer. Im Gegensatz zu den monströsen Maschinen, die so viel wie ein Kleinwagen kosten.

Leider sind die Krachmachermaschinen unaufhaltsam auf dem Vormarsch. In immer mehr Privathaushalten stehen mit-telgroße Megakaffeemaschinen. Alle erzählen, wie toll der Kaffee aus diesen italienischen Designmaschinen schme-cken würde. In Wirklichkeit schmeckt der Kaffee bitter, ist zu heiß oder zu kalt, was daran liegt, dass die Einstellungen an der Maschine in der Regel nicht funktionieren. Weil diese Ma-schinen hochgradig komplexe technische Maschinen sind, ist immer irgendetwas an ihnen kaputt. Meine Mitarbeiter wollten auch einmal eine Profi-Kaffee-Maschine anschaffen. Ich nicht. Ich habe die Abstimmung verloren. Die Maschine kam, stand und versagte. Der Kaffee schmeckte grauenhaft. Man konnte nie mehr als eine Tasse runterkriegen. Das ist in Sitzungswochen, in denen Kaffee die wesentliche Ernäh-rungsgrundlage ist, ein katastrophaler Zustand. Und: Das Ding lief einen Monat, dann war es kaputt. Wo aber findet man einen Experten für Mega-Kaffee-Maschinen aus dem un-teren bis mittleren Preissegment? Wer ruft ihn um Hilfe? Was geb ich bei Google ein? Also passierte nichts. Noch heute steht die Maschine auf dem Kühlschrank und gammelt vor sich hin. Wir haben schließlich eine kleine, sympathische und zuverlässige Maschine gekauft. Sie läuft und läuft und läuft und läuft.

Ich vermute, dass in den angeblich angesagten Ballungszen-tren in jedem zweiten Haushalt der gehobenen Mittelschicht eine nicht mehr funktionsfähige Profi-Mega-Kaffeemaschine vorhanden ist. Konjunkturprogramm bizarr sozusagen.

In meinem Wahlkreis habe ich etwas sehr Angenehmes beobachtet: In den dortigen Städten ist es bedeutend ruhiger, weil es weniger lärmende, schäumende und krachmachende Profi-Mega-Kaffeemaschinen gibt. Insofern kann man dort sogar noch die ausgezeichnete Begebenheit erleben, in aller Ruhe einen angenehm temperierten Filterkaffee zu trinken. Manchmal bekommt man sogar ein Kännchen Filterkaffee.

Angesichts dieser bizarren Kaffeeentwicklungen in Ballungsgebieten der Bundesrepublik nehme ich Termine »auf einen Kaffee« ausschließlich in meinem Berliner Büro oder in den Cafés in meinem ländlichen ostdeutschen Wahlkreis wahr. Was für eine angenehme Ruhe.

Es war nicht alles schlecht!

Es gibt einige merkwürdige Leute, vornehmlich Journalisten, die Artikel oder gar ganze Bücher darüber schreiben, wie schlimm es für sie war, in einer linken Familie und in einem linken Umfeld aufzuwachsen. Überhaupt meinen sie, dass die Linken alles fest im Griff haben: die Presse, den Zeitgeist, Lateinamerika, die meisten der Parteien und – am schlimmsten – sie bestimmen den Alltag in diesem Land. Kann man ja glauben. Ist alles erlaubt, belegt allerdings eher das Fehlen von analytischer Schärfe. Aber Verschwörungstheorien findet man eben nicht nur bei Linken. In meiner ehemaligen studentischen Stammkneipe stand auf dem Herren-WC der beste Klospruch aller Zeiten: Nur weil man paranoid ist, bedeutet dies noch lange nicht, dass man nicht verfolgt wird. So ist es. Außerdem müssen diese Leute ja begründen, warum sie jetzt konservativ geworden sind und sich einen abfreuen, wenn die Mächtigen per Du mit ihnen sind.

Wie dem auch sei. Ich will nun diesen Apologeten deutlich widersprechen und ihnen ein Lob des Kindseins unter Linken entgegenschleudern! Ich bin in einer linken Familie großgeworden, die Kumpels meiner Eltern waren links (die meisten sind es heute noch) und es war eine vergnügte Kindheit: Meine Eltern hatten ein kleines Haus mit Garten. Daher kamen die ganzen Genossen meiner Eltern vornehmlich zu uns, hingen dort ab und organisierten immer irgendwas. Bei allem fand sich immer noch genug Zeit, irgendwas mit mir zu unternehmen. Das fand ich als Kind natürlich gut. Wenn alle kamen, war ordentlich was los: Aktionen und Demonstrationen wurden geplant, Flyer entworfen, die Lage analysiert und die anderen, konkurrierenden Linken wurden verarscht. Als Kind habe ich da schon einiges mitbekommen. Zum Beispiel, dass wir für Nelson Mandela und gegen das faschistoide Apartheidsregime in Südafrika eintreten. Was bitte kann daran verkehrt gewesen sein, liebe konservative Feuilletonisten? Das fand ich schon als Kind sehr richtig und hatte ein T-Shirt mit Nelson Mandela drauf. Und Allende und Che Guevara fand ich auch gut und hab alle Bücher und Artikel über sie verschlungen.

Dann erinnere ich mich auch an die Spendendosen mit der Aufschrift »Waffen für El Salvador«. Da habe ich meine Eltern und ihre Genossinnen und Genossen gefragt, warum wir in diesem Fall für Waffen seien, obwohl wir sonst immer gegen Waffen sind. Meine Eltern und ihre Kumpels waren dabei besonders gegen Spielzeugwaffen, was ich anders gesehen habe. Ich war für Spielzeugwaffen. Mir wurde dies in aller Ruhe erklärt: Mit Pazifismus kommt man nicht immer weiter, es gibt bestimmte Situationen wie in Chile, Nicaragua oder eben in El Salvador, wo Gewalt legitim sein konnte. Das leuchtete mir ein.

Übrigens gab es zwischen Ost und West auch hier einige Gemeinsamkeiten: Gegen Apartheid oder solidarisch mit den Linken in Chile zu sein und im südlichen Afrika die MPLA und nicht die UNITA zu unterstützen, mobilisierte durchaus in Ost- und Westdeutschland. Auch wenn die staatliche Komponente im Osten extrem hoch und im Westen extrem niedrig war, gab es doch bestimmte Themen, die auch im Osten ohne staatlichen Dirigismus politisch angepackt wurden. Hier lohnt es sich, mal sozialwissenschaftlich tätig zu werden.

Gut erinnern kann ich mich an die Vorosterzeit: In Vorbereitung auf die Ostermärsche waren wieder alle Linken des Dorfes bei uns zu Hause und wir malten Parolen auf Pappschilder, die in Ostereiform ausgeschnitten wurden. Besonders gut fand ich die Parole:»Pershing II macht Ronald high!« Reagan und Strauß wurden von mir und den anderen überhaupt besonders konsequent bekämpft. Da die Truppe bei meinen Eltern zum Großteil aus undogmatischen Linken bestand, mochte man das System in der DDR und der Sowjetunion nicht besonders. Aber man unterstützte eine Annäherung und Verhandlungen zwischen den beiden deutschen Staaten und reiste auch oft mit Jugendgruppen in die DDR. Die SS-20 fanden auch alle doof, aber sie regten zugegebenermaßen nicht so sehr auf wie die Pershing II-Raketen. Aber das ist eine andere Diskussion. Zurück zu den Ostermarschvorbereitungen: Einige von der Kunstabteilung der Genossen wollten ein Theaterstück über den Atomkrieg aufführen und ich sollte mitspielen. Besonders gefiel mir, dass der Atomschlag durch das In-die-Luft-Werfen einer offenen Mehltüte symbolisiert wurde. Nach dem Abfeuern der Mehlfontäne musste ich mich auf den Rasen werfen und totstellen. Fand ich super. Der Garten war weiß. Auch super.

Dann war da eine Sache, die war das Allerbeste. In den Achtzigern gab es die Reihe »Rockpalast« im WDR. Dort traten mitten in der Nacht die absoluten Rockgrößen auf und das Ganze wurde im WDR live übertragen. Das war meistens am Wochenende, soweit ich mich erinnern kann. Dann kamen immer alle Genossinnen und Genossen mit einigem Alkohol, es gab einen Riesentopf Chili con Carne (die Vegetarierbewegung war innerhalb der Linken noch ein Randphänomen und bei Linken auf dem Land nicht existent) und es wurde mehrere Stunden Konzerte von The Who, Greatful Dead, Dr. Feelgood, Dr. John, Van Morrison, Joe Cocker, The Band und anderen Rockgiganten geguckt. Da Rock »irgendwie links« ist, waren alle gut drauf und ich durfte ewig aufbleiben. Das war also wirklich genial. Heute habe ich das Problem, dass ich immer noch nur die Musik hören kann, die damals schon im Rockpalast lief. Ich finde keinen Zugang zu Neuem, warum auch immer.

Also kann man den Apologeten nur zurufen: Auf der richtigen Seite zu stehen ist eine gute Sache! Rockpalastnächte mitgemacht zu haben ist eine gute Sache! In voller Lautstärke Mikis Theodorakis' »Canto General« zu hören ist besser und fortschrittlicher als Wagner! Empathie mit denen zu empfinden, die nichts haben, ist eine gute Sache! Auf Demos zu gehen ist in der Regel eine gute Sache! Und gegen Spießer anzustürmen ist eine gute Sache! Und von denen, die wirklich mächtig sind, nicht nett gegrüßt zu werden ist auch eine gute Sache.

Somit kann ich nur feststellen: Einen herzlichen Dank an meine Eltern, dafür, dass sie links waren und sind, und an die Genossinnen und Genossen, die mir beigebracht haben, wie gut es ist, Sozialist zu sein. Denn auch im Westen gilt: Es war nicht alles schlecht.

Was für Experten

Dass der Verfassungsschutz meine Partei nicht so toll findet, hat sich ja rumgesprochen. Dass er die wohl überflüssigste Behörde aller Zeiten ist, allerdings ebenso.

Zeit also, sich neben den kritikwürdigen Strukturen auch mal den intellektuellen und literarischen Werken dieser Behörde zu widmen. Wie einige andere Abgeordnete meiner Partei werde auch ich beobachtet. Man fragt sich natürlich, was bei den Terminen, die man so absolviert, eigentlich das Verfassungsschutzrelevante ist: Ein normaler Wahlkreistag läuft in etwa so ab: Bürgersprechstunde auf dem Markt, Besuch eines Unternehmens, Seniorenkaffeeklatsch bei der Volkssolidarität, Krankenbesuch bei einem älteren Genossen, Spendenübergabe an einen Jugendclub. Also alles Termine, die eher ungefährlich für die FDGO, die Freiheitlich-Demokratische-Grundordnung sein dürften. Nach langem Nachdenken fiel mir trotzdem etwas ein, was mich zu Recht in ein gewisses Zwielicht setzt: Vor einiger Zeit habe ich eine Tierpatenschaft übernommen. Das machen Politiker gerne. Ich wurde Pate einer Rothirschkuh (!), die auch noch den Namen Aurora (!!) trägt. Alles klar also.

Aber es muss auch auf der Metaebene überzeugende, tiefere Gründe für solch eine Beobachtung geben. Diese guten Gründe findet man im jährlichen Bericht des Bundesamtes für Verfassungsschutz. Eine wirklich spannende Abend- oder auch Urlaubslektüre. Man kann diesen Bericht aber auch wunderbar im Zug oder einfach Zwischendurch lesen.

Dort steht z. B.: »Die Partei ›Die Linke‹ hält an der Praxis fest, unter dem Begriff ›Pluralismus‹ unterschiedliche ›linke‹ Kräfte zu sammeln, die das Ziel einer grundlegenden Veränderung der bestehenden Staats- und Gesellschaftsordnung verfolgen.« Oh, oh, oh. Hier ist Wachsamkeit geboten. Interessant ist auch die Erkenntnis, dass die Partei namens DIE LINKE ausgerechnet »linke Kräfte« sammelt und überraschender- und erstaunlicherweise keine »rechten Kräfte« dabei sind. Aufgedeckt wurde nun auch, dass in dieser gefährlichen Truppe eine »umfassende Akzeptanz von offen extremistischen Zusammenschlüssen in ihren Reihen« geduldet wird. Oh, oh. Allerdings, so kann festgestellt werden, sind andere Parteien, sagen wir mal die CDU/CSU, bedeutend erfolgreicher in der Akzeptanz von »offen extremistischen Zusammenschlüssen«. Ich denke da zum Beispiel an die Bundesfamilienministerin. Frau Dr. Kristina Schröder. Die ist ja offen retroextremistisch, was beispielsweise ihre Ablehnung der Frauenquote belegt. Immerhin in den Bundestag hat es eine andere aufrechte Extremistin gebracht. Das ist die sympathische Frau Steinbach, die ja Polen eine gewisse Mitschuld am Beginn des Zweiten Weltkrieges zuschreibt. Irgendwie fehlen die beiden im Bericht.

Unfassbar auch, was der Bericht noch entlarvt hat: »›DIE LINKE‹ fordert in ihrem Programm grundlegende Veränderungen der Staats- und Gesellschaftsordnung und offenbart dabei ein ambivalentes Verhältnis zum Parlamentarismus.« Oh, oh, oh. Wenn man die Praxis des heutigen Parlamentsalltag zum Maßstab nimmt, hat der Verfassungsschutz hier einfach mal recht. Ich hab hierzu ein tatsächlich ambivalentes Verhältnis, weil wir Abgeordneten zum Beispiel innerhalb von einer Woche Milliardenhilfen ohne wirkliche Debatte verabschieden sollen. Aber geschenkt, denn es kommt noch schlimmer für die FDGO:

»Die Partei bezieht sich ausdrücklich positiv auf ›linke‹ bzw. linksextremistische Traditionen, insbesondere auf die kommunistische Arbeiterbewegung, (jetzt wird's wirklich erschreckend, JK) die sozialistischen Theoretiker Karl Marx und Friedrich Engels...« Potzblitz. Marx, Engels – Grundgütiger! Gut, dass dies endlich aufgedeckt wurde. Ich kenne sogar westdeutsche Universitäten, wo dem Erstsemester Jan Korte die Teilnahme an dem Seminar »Einführung in das marxistische Denken« ermöglicht wurde. Das stand im Lehrplan, das wurde mit unser aller Steuergelder finanziert. Und das im Westen. Was geht nur ab in diesem Land. Ostdeutsche Infiltration bis in die Uni Hannover?

Aber wir sollten uns nicht lustig machen, denn es ist etwas noch Schlimmeres im August des Jahres 2011 geschehen, was selbst mir die Sprache verschlägt. Ich traute meinen Augen kaum, als ich im VS-Bericht lesen konnte, wem diese Partei zum Geburtstag gratuliert hatte. Schwarz auf weiß stand dort: »Zum 85. Geburtstag des kubanischen Revolutionsführers Fidel Castro am 13. August 2011 gratulierten die beiden Parteivorsitzenden im Namen der Partei mit einem Glückwunschschreiben.« Teufel, nochmal. Wie konnte das passieren?

Nur gut, dass das mal jemand aufgedeckt hat. Einem Revolutionsführer! Gut, dass die Behörde exakt aufpasst, wer hier wem und wann zum Geburtstag gratuliert.

Wenn man sich all diese Ungeheuerlichkeiten reingezogen hat, sollte man dies alles mal sacken lassen und vielleicht mal einen Krimi lesen. Allerdings schafft es wohl kein Krimi soviel Verschwörung in eine einzige Geschichte zu packen.

Abgekürzt

Am Mo. beginnt die Siwo im BT. Zuerst geht's zur MA-Bespre-
chung. Vorm. folgt die AG. Dann gehe ich zur AK-Leiter-Runde
und später zum FV. Wenn der FV zeitig zu Ende ist, kann man
rüber in die PG schlendern. Die ist gegenüber dem RTO. Di.
geht es erst zum AK. Der tagt in UDL 50. Hernach geht's ins
RTG, was man über das JKH erreichen kann. Dort kommt man
im FV-Saal zur Frasi zusammen. Zwischendurch schreibt man
eine PE oder lauscht der PK, die vor Beg. der FV stattfindet.
Danach kann man wiederum in die PG gehen oder hat noch
einen Termin im KLH, wohin einen die FB fährt. Die anderen
Sitzungen finden im PLH statt, was genau neben dem MELH
steht.

Zwischendurch wiederum spricht man sich mit der MOEFF
oder der PS ab. Donnerstags finden die Ref-Runden statt, an
denen aber meistens keine MdB teilnehmen.

Am Freitag dann verlässt der MdB den DBT, um in den WK
abzufahren. Dort sind dann oft KPT oder LPT.

Übersetzt bedeutet dies: Am Montag beginnt die Sitzungswo-
che im Bundestag. Zuerst geht's zur Mitarbeiterbesprechung.
Vormittags folgt die Arbeitsgemeinschaft. Dann gehe ich zur
Arbeitskreisleiterrunde und später zum Fraktionsvorstand.
Wenn der Fraktionsvorstand zeitig zu Ende ist, kann man rü-

ber in die Parlamentarische Gesellschaft schlendern. Die ist gegenüber dem Reichstagsgebäude Ost. Dienstags geht es erst zum Arbeitskreis. Der tagt im Gebäude Unter den Linden 50. Hernach geht's ins Reichstagsgebäude, was man über das Jakob-Kaiser-Haus erreichen kann. Dort kommt man im Fraktionssaal zur Fraktionssitzung zusammen. Zwischendurch schreibt man eine Presseerklärung oder lauscht der Pressekonferenz, die vor Beginn der Fraktionsversammlung stattfindet. Danach kann man wiederum in die Parlamentarische Gesellschaft gehen oder hat noch einen Termin im Karl-Liebknecht-Haus, wohin einen die Fahrbereitschaft fährt. Die anderen Sitzungen finden im Paul-Löbe-Haus statt, was genau neben dem Marie-Elisabeth-Lüders-Haus steht.

Zwischendurch wiederum spricht man sich mit der Medien- und Öffentlichkeitsarbeitsstelle oder der Pressestelle ab.

Donnerstags finden die Referentenrunden statt, an denen aber meistens keine Mitglieder des Bundestages teilnehmen.

Am Freitag dann verlässt das Mitglied des Bundestages den deutschen Bundestag, um in den Wahlkreis zu fahren. Dort sind dann oft Kreisparteitage oder Landesparteitage.

Man kann also erkennen, dass das Sprachvermögen in der Politik Gefahr läuft zu verkümmern, wenn man im Stress ist und Zeit zu sparen versucht. Darum kann auch eine Entschleunigung der Sprache zu mehr Durchblick in der Politik führen.

Handtücher im Plenum

Es gibt äußerst interessante und aufklärerische Dokumentionen im Fernsehen, kurz Dokus genannt. Letztens habe ich mal wieder etwas Ausgezeichnetes gesehen. Es gab eine Doku über Gewohnheiten von Urlaubern unterschiedlicher Nationalität. Und so hab ich kurz vorm Einschlafen sogar etwas Spannendes gelernt: In großen bunkerähnlichen Hotels, z. B. auf den Balearen, stehen einige Urlauber mitten in der Nacht auf, um ein Handtuch auf eine der augenscheinlich rar gesäten Liegen zu legen. Einige Touristen stellen dafür sogar einen Wecker auf vier Uhr früh. Das Markierungshandtuch ist ein unmissverständliches Zeichen an alle anderen Urlauber, dass diese Liege eine No-Go-Area für sie ist. Es ist eine temporäre Privatisierung in ihrer brutalen Form.

Besonders beliebt sind die Liegen direkt am Pool, da man sich von dort sozusagen umgehend und unverzüglich in den Pool werfen kann. Daher die Regel: Je näher die Liege am Pool steht, umso härter ist der Kampf. Da logischerweise nur eine Reihe von Liegen direkt am Pool stehen kann und sich die anderen in konzentrischen Kreisen immer weiter vom Pool entfernen, muss derjenige, der eine Liege am Pool haben will, noch viel früher aufstehen als etwa derjenige, dem eine Liege in der dritten und vierten Reihe reicht. Wichtig ist natürlich auch, dass die zur Markierung genutzten Handtücher möglichst auffällig und einmalig sind, da es bei zwei gleichen schnell zu Krawallen kommen kann.

Ist eine Liege erst mal markiert, so wird sie mit allen Mitteln verteidigt. Spaßvögel, die gegen zehn Uhr – also einer Zeit, die Urlaub angemessen ist – heranschlappen, das um vier Uhr nachts platzierte Handtuch beiseitelegen und sich in die Sonne knallen, erleben den entschiedenen Widerstand jener, die erst um elf Uhr kommen, da sie so müde vom nächtlichen Handtuchmarkieren sind, dass sie um zehn noch schlafen müssen. Diese Spaßvögel versuchen das nur einmal in ihrem Leben.

Im Bundestag passiert Donnerstagmorgen etwas, was leider noch in keiner Doku aufgetaucht ist. Daher will ich es in Worte fassen. Der Reihe nach:

Um neun Uhr beginnt das Plenum. Donnerstags ist im Bundestag der Tag der Wichtigen. Dort gibt etwa die Kanzlerin eine Regierungserklärung ab und dann reden die Fraktionsvorsitzenden oder andere besonders wichtige Vertreter der Fraktionen und der Regierung. Es ist der Vormittag der ersten Garde.

Wie gesagt, um neun geht's los. Ab halb neun herrscht aber bereits reges Treiben im Plenum: Viele Abgeordnete stehen offenbar früher auf, um einen guten Platz in den vorderen Reihen zu ergattern. Die beliebtesten Plätze sind die ersten vier Reihen, die mit Tischen ausgestattet sind und von denen man annimmt, dass man hier am ehesten im Fernsehen zu sehen ist. Vielleicht meint man auch, dass ein vorderer Platz die eigene Wichtigkeit unterstreicht. Ich weiß es nicht. Da die ersten beiden Reihen aber von den Fraktionsvorsitzenden, den stellvertretenden Fraktionsvorsitzenden und den Parlamentarischen Geschäftsführern grundsätzlich belegt sind, reduzieren sich die guten Plätze noch einmal. Daher kommen also einige besonders früh, um die verbliebenen besonders guten Plätze zu markieren. Mit Handtüchern sozusagen. Liegenkampf im Plenum. Näher bei den Leuten. Natürlich werden dort keine

Handtücher ausgelegt. Es gibt aber klar identifizierbare Handtuch-Ersatz-Produkte: Gängige Handtuch-Ersatz-Produkte sind I-Pads, Mappen, Handys oder Hand- und kleine Aktentaschen. Damit wird unausgesprochen klargestellt, wer hier das Sagen hat. Wenn der Platzinhaber kurz mal rausgehen muss – etwa auf Toilette oder weil er bestimmte Reden schlicht nicht aushält – legt er zusätzliche Handtuch-Ersatz-Produkte zu den bereits platzierten Handtuch-Ersatz-Produkten. Ein besonders klares Zeichen ist die Abstimmungskarte, die dank des Namens darauf unmissverständlich deutlich macht, wem die Liege gehört.

Wie die Liegen direkt am Pool, so sind die Plätze direkt vorm Rednerpult am heißesten umkämpft. Wenn einer der Wichtigen ans Rednerpult geht, um eine Rede zu halten, wird ein Platz an der Pool-Position frei. Exakt in dem Moment, da der Redner zum Pult tritt, schießt aus der Tiefe des Raumes jemand heran, der zumindest während der Rede des besonders wichtigen Kollegen in den Genuss des Top-Platzes kommt.

Somit kann festgestellt werden, dass Politiker eben ganz normale Menschen sind und dass die Doku über das Urlaubsverhalten von Deutschen erweitert werden müsste um das Plenumsverhalten der Bundestagsabgeordneten.

Ein erschreckender Tagesordnungspunkt

Im Bundestag werden viele Dinge diskutiert. Viele Dinge werden auch nicht diskutiert. Letztens wurde etwas Besonderes diskutiert. Meine Partei hatte nach einiger Zeit ein Grundsatzprogramm beschlossen. Und weil es ein offenkundig so außergewöhnliches Ereignis ist, dass eine Partei ein Programm beschließt, beschlossen die Fraktionen von CDU/CSU und FDP das Ganze mal im Bundestag zu debattieren. Der Tagesordnungspunkt lautete »Demokratischer Sozialismus und soziale Marktwirtschaft im Grundsatzprogramm der LINKEN«. Also eine sehr grundsätzliche Auseinandersetzung. Das der Bundestag ein Grundsatzprogramm einer Partei diskutiert, ist nichts Alltägliches. Ich habe noch nie gehört, dass irgendjemand beantragt hat, eine Aktuelle Stunde zu den Grundsatzprogrammen anderer Parteien zu beantragen. Das liegt wahrscheinlich daran, dass es dort nicht viel zu diskutieren gibt: Die einen finden's gut, die anderen nicht. Aber hier waren die Konservativen mal auf Zack. Allerdings – so muss eingeschränkt werden – fanden die Debattierfreunde das Thema eigentlich gar nicht diskussions- sondern einfach nur verabscheuungswürdig. Ein gewisser Dr. Joachim Pfeiffer von der CDU/CSU hat das am Anfang dieser Tagung für bizarren Antikommunismus im Plenum des Bundestages auch gleich mal klar gestellt: »Wir kommen zu einem aus meiner Sicht in der Tat unglaublichen und erschreckenden Tagesordnungspunkt.« Nun, ich wiederum fand diese Aktuelle Stunde weniger erschreckend, sondern vielmehr eine gute Sache. Besagter Dr. Pfeiffer nutzte sodann die bewährten Floskeln ohne die eine konservativer und hysterischer Antikommunist nicht leben kann: »DDR«, »Sowjetunion«, »China«, »20 Jahre auf ein Auto warten«, »20 Jahre auf einen Telefonanschluss warten«, »Planwirtschaft« und »Verstaatlichung der Großindustrie und Banken«. Was das alles mit dem Programm meiner Partei zu tun hat erschließt sich nicht so ganz. Aber, der Dr. Pfeiffer entlarvte gleich das eigentliche Ziel der LINKEN: »Durch einen demokratischen Sozialismus wollen Sie das erfolgreichste System ersetzen, die soziale Marktwirtschaft (...).« Abgesehen davon, dass die SPD das eigentlich auch immer wollte, muss sich der Herr Dr. Pfeiffer fragen, ob angesichts der Bankenkrise das aktuelle System tatsächlich so super erfolgreich ist. Aber darum geht's ja nicht. Denn Dr. Pfeiffer ist vom Tagesordnungspunkt, den er und seine Leute selber aufgesetzt haben, so erschreckt, dass er ganz unbürgerlich in die Welt ruft: »Leider kann man in fünf Minuten nicht den ganzen Scheiß, den Sie da beschlossen haben, auch nur in Ansätzen hier vortragen.« Man staune. Offenbar muss das hier diskutierte Programm wirklich etwas Besonderes sein, wenn der Dr. Pfeiffer es für »Scheiß« hält und dies auch noch öffentlich sagt. Im Übrigen scheinen die bürgerlichen Umgangsformen bei den Konservativen in Deutschland ziemlich runter gekommen zu sein.

Unaufgeregter und damit dem erschreckenden Tagesordnungspunkt nicht angemessen, reagierte hernach der Abgeordnete Barthel von den Freunden der Sozialdemokraten. Er wolle dafür sorgen, »dass Begriff und Inhalt des demokratischen Sozialismus« nicht diskreditiert werden. Damit meinte er erstaunlicherweise aber nicht seine Partei, die SPD, die hierbei Enormes geleistet hat, sondern meine Partei. Aber geschenkt.

Richtig in die Tasten haute dann der Kollege Kurth von der FDP. Er hatte sich informiert und konnte Deutschland und der Welt eine dolle Nachricht überbringen:»Mit 97 Prozent bei einigen Enthaltungen und einigen Gegenstimmen wurde die Revolution so beschlossen.« Unklar ist, was für den schneidigen Kollegen Kurth jetzt eigentlich das Erschreckendere ist: Dass es einige Enthaltungen und Gegenstimmen zur Revolution gab oder aber dass 97 Prozent eben diese Revolution beschlossen haben. Zumal auf Parteitagen seiner Partei die Beschlüsse zur Konterrevolution fast einstimmig gefasst werden. Ansonsten lieferte der Freund der Freidemokraten solide, aber doch unoriginelle Schreckensszenarien: DIE LINKE zwischen »Kuba«, »Nordkorea«, »Marx« und »Engels«, der eigentlich ein Kapitalistenknecht und »Oligarch« war und frecherweise Zeit gefunden hatte, »Das Kapital« mitzuverfassen. Also eher olle Kamellen. Die Debatte tröpfelte dahin.

Bis Kerstin Andreae von den Grünen ans Pult trat. Die Grünen waren ja vor unendlich langer Zeit mal irgendwie links und fortschrittlich. Und weil sie das mal waren und heute liberal bis konservativ sind, empfinden sie alles Linke als oft besonders störend. Weil es irgendwie an die guten alten Zeiten erinnert. Konvertitentum also. Daher waren die Grünen in der Debatte ebenso besorgt wie der Herr Dr. Pfeiffer und der Herr Kurth. Im Bundestag kann man etwas Interessantes beobachten: Wenn es um Außenpolitik oder sehr grundlegende Fragen geht, beginnen viele Grünenredner und -rednerinnen ihre Äußerungen mit einem im Stakkato-Ton vorgetragenen Angriff auf die LINKEN. Das bringt ihnen dann den Applaus aller Fraktionen. Außer der LINKEN natürlich. Das eigentlich wichtige aber für viele Grüne ist der Applaus der CDU/CSU. Dieser bereitet ihnen gute Laune, besagt er doch:»Ihr gehört zu uns Staatenlenkern irgendwie dazu.« Das freut dann viele Grüne. Mir wär's ja peinlich. Überhaupt gibt es bei den Grünen beeindruckende Staatsmänner. Jürgen Trittin zum Beispiel geht nicht durch das Plenum, nein, er schreitet. Wenigstens dort herrschen also anständige, bürgerliche Umgangsformen.

Letztere wurden von der Kerstin Andreae dann doch mal kurz vergessen. Die Grünen-Abgeordnete war wegen des Programms der LINKEN außer sich und bedauerte den Redner der LINKEN, der »hier diesen Müll verteidigen« müsse. »Scheiße« fand der CDU-Pfeiffer ja das Programm und als »Müll« bezeichnete die Grünen-Andreae selbiges. Schwarzgrün steht nun wirklich nichts mehr im Wege, selbst die Sprache ist auf dem gleichen Level angekommen. Kollegin Andreae stellt außerdem mal klar, dass das »Ganze doch sowieso ein Wünsch-dir-was-Programm« sei. Was für ein Vorwurf. Was ist denn bitteschön gegen gute Wünsche einzuwenden?

Wenn man sich nun die ganzen Reden in Ruhe durchliest und ohne Vorurteile in sich geht und versucht, die zahlreichen Argumente abzuwägen, zu drehen und zu wenden, komme auch ich eher zum Schluss, den der Kollege Pfeiffer am Anfang seiner Rede feststellte. Es war wirklich ein »unglaublicher und erschreckender Tagesordnungspunkt«. Das allerdings lag nicht an dem Programm, das diskutiert wurde.

Solche und solche

In jedem Betrieb, jedem Büro und jeder Firma gibt es verschiedene Typen von Menschen. Sympathische, unsympathische oder neutrale Typen. So ist das auch in der Politik. Wenn man sich umschaut, kann man gewisse Kategorien bilden, die uns die unterschiedlichsten Charaktereigenschaften näher bringen. Ich konnte in meiner politischen Laufbahn hierzu Erfahrungen in zwei Parteien, diversen Gremien und diversen Streitigkeiten sammeln. Und nach dem zweiten Bier in gemütlicher Runde bestätigen mir Freunde aus anderen politischen Lagern: Diese Kategorien gelten für alle Parteien. So eine Kategorisierung ist natürlich objektiv überhaupt nicht nachvollziehbar, da sie ein extremer Ausdruck subjektivem Empfindens ist: Diejenigen, die ich besonders unsympathisch finde, finden andere besonders sympathisch. Verallgemeinerungen haben also keine allgemeine Gültigkeit. Trotzdem werde ich jetzt mal jede Menge verallgemeinern.

Aber nun zur Politik. Zunächst gibt es eine besonders unsympathische Art unter uns der Politikern. Das ist der Schleimer. Er ist stets zu allen nett, obwohl jeder weiß, dass der Schleimer viele gar nicht nett findet und in seiner Bezugsgruppe sogar über sie abslästert. Trotzdem begrüßt er sie besonders nett und textet sie schleimisch voll. Wenn besonders wichtige Personen wie Minister, Vorsitzende oder Strippenzieher im geschlossenen Kreis auftreten und einen Vortrag halten, wird der Schleimer zustimmend nicken und hin und wieder ein halblautes »richtig« oder »genau« vor sich hin murmeln. Stets aber so laut, dass der Minister oder Vorsitzende es hören kann. Dabei ist die politische Zugehörigkeit – zumindest in nicht-öffentlichen Sitzungen – egal. Es kommt ja darauf an, die Gunst des besonders wichtigen Gegenübers zu erschleimen.

Der Schleimer versucht stets, dem gerade die Mehrheit bestimmenden Flügel einer Partei besonders nahe zu sein. Dort wird extrem geschleimt. Besonders gut erkennt man den Schleimer daran, dass er gerne laut, am besten in der Presse, erzählt, wie grandios und genial die Führung einer Fraktion oder Partei gerade ist. Damit die so angeschleimten Mitglieder der Führung auch mitbekommen, dass der Schleimer mal wieder besonders geschleimt hat, reicht er gerne den betreffenden Schleimartikel persönlich an den besonders wichtigen Parteifunktionär weiter. In Debatten entlarvt sich der Schleimer ganz schnell dadurch, dass er seinen Redebeitrag damit beginnt, den vermeintlich Mächtigen zu zitieren: »Wie X oder Y es eben richtig gesagt hat... Ich könnte es nicht anders sagen... Kannst du das vielleicht nochmal verschriftlichen?« Schleim, schleim, schleim.

Den Schleimer zeichnet aus, dass er zwar bei den vermeintlich Mächtigen extrem rumschleimt, aber auch zu den anderen, den weniger Wichtigen oder den Minderheiten in der Partei, ein vordergründig gutes Verhältnis aufzubauen versucht. Er gibt sich dort gerne als »Brückenbauer« aus. Das hat er gemein mit einem anderen Typ von Politikergattung:

Der Untertan ist besonders zu kritisieren. Den Untertan in der Politik kennzeichnet – Überraschung – das Untertanentum. Er ist verunsichert, weil stets in großer Sorge, mal bei der Minderheit zu landen. Er hat einige Wesenszüge des Schleimers. Der Untertan schleimt aber immer nur bei den Mächtigen und Wichtigen. Er schleimt nur nach oben, tritt und denunziert nach unten. Heinrich Mann hat alles dazu aufgeschrieben. Der Untertan in der Politik hat echt miese Tage, wenn in seiner Partei mal gerade nicht klar ist, wer die Oberhand hat. Wer gewinnt welche Abstimmung? Was ist, wenn wider Erwarten die Minderheit plötzlich zur Mehrheit wird? Das macht den Untertanen wahnsinnig. Daher versucht er immer untertänig alles zu tun, um Untertan des später einmal Wichtigen zu sein. Da er immer Sorge haben muss, ob sich die innerparteiliche Lage verändern könnte, versucht er ganz heimlich zu jenen Kontakt aufzunehmen, von denen er befürchtet, sie könnten aus der Minderheitenposition heraustreten. Diese Unsicherheit ist natürlich anstrengend. Deshalb kann man mit dem Untertan auch kein Bier trinken gehen, weil er immer vom Untertanengetue gestresst ist. Mit dem Schleimer kann man das hingegen von Zeit zu Zeit durchaus. Er erzählt ja immer allen, wie toll sie sind. Das hört sich jeder gern mal an.

Die nächste Kategorie bildet der Wissende. Der Wissende weiß alles, vor allem wie Politik abläuft. Das gilt sowohl für innerparteiliche Fragen als auch für alle anderen Bereiche der Politik. Die meisten Wissenden wissen auch über die Weltpolitik genauestens Bescheid. Wenn man mal was Wichtiges wissen muss, fragt man einfach ein oder zwei Vertreter der Wissendenkategorie. Vorlauten Wissenden geht hin und wieder mal ein Politikcheck daneben. Deshalb ist es wichtig, mehrmals nachzufragen und die Antworten zu hinterfragen. Der Wissende kann sympathisch oder unsympathisch sein. Anders als beim Schleimer und Untertan, die immer unsympathisch sind, geht es dem Wissenden darum, sein Wissen mitzuteilen. Daher findet er sich in allen Strömungen, Lagern, Parteien, sowohl bei der Minderheit als auch bei der Mehrheit.

Betrachten wir einen anderen Typ: Der Freischwebende. Der Freischwebende denkt von sich, nur dank dem eigenen Fleiß, klaren Standpunkten und persönlicher Unfehlbarkeit dabei zu sein. Er ist ausschließlich an Inhalten interessiert. Der Freischwebende ist allen gegenüber offen, aufgeschlossen und an der Meinung aller interessiert. Er hat aber ein Problem, das dem des Untertanen ein wenig ähnelt: Er ist immer im Stress, weil er dokumentieren muss, wie unabhängig er ist. Daher achtet er zum Beispiel auf Partys oder Empfängen stets darauf, nicht zu lange mit klar der Mehr- oder Minderheit zuzuordnenden Personen gesehen zu werden. Oft wirkt der Freischwebende etwas gehetzt. Wenn er nämlich zu lange mit der einen Truppe rumsteht, könnte die andere Truppe denken, dass er nicht mehr freischwebend ist und sich der anderen Gruppe oder Strömung zugeneigt hat. Auf die Idee, dass das niemanden interessiert, kommt der Freischwebende nicht.

Zu meiner eigenen Überraschung muss ich den Nächstkategorisierten loben: Der Streber ist erst mal in Ordnung. Er liest stets alle Vorlagen, kennt die genauen Uhrzeiten von Abstimmungen im Plenum, weiß stets, worum es gerade geht und hat immer die Tagesordnung im Kopf. Auf Nachfrage kann er sagen, ob bei der kommenden Fraktionssitzung eine wichtige Abstimmung anliegt oder es eher langweilig werden wird. Es ist hilfreich, einen oder auch zwei Streber in seinem näheren Umfeld zu haben. Schlecht am Streber ist, dass er allen Nicht-Strebern immer unterschwellig und meistens unterbewusst ein schlechtes Gewissen bereitet, selbst wenn er sein Strebertum nicht raushängen lässt. Man fühlt sich immer ein wenig uninformiert und unvorbereitet. Natürlich gibt es auch Streber, die gleichzeitig Schleimer und Untertan sind. Das sind dann die Schlimmsten und man sollte einen großen Bogen um sie machen, wenn man noch Spaß an der Politik haben möchte.

Von der Grundeinstellung erst mal in Ordnung ist der querulatorische Aufrechte. Der querulatorische Aufrechte ist das charakterliche Gegenteil zum Schleimer und Untertan. Der querulatorische Aufrechte hat einen klar begründeten Standpunkt und wechselt ihn nicht ständig. Weder in der großen Politik noch in innerparteilichen Auseinandersetzungen schielt er auf die Mehrheitsmeinung. Das ist grundsympathisch und in der Politik nicht ständig anzutreffen. Sein Standpunkt ist meistens gut begründet und inhaltlich unterlegt. Aber er ist eben nicht nur aufrecht, sondern manchmal auch leicht querulatorisch. Das bedeutet, dass sich der querulatorische Aufrechte mitunter Themen sucht, die ein wenig querulatorisch sind. Zum Beispiel dann, wenn er sich an völlig unwichtigen und oft auch langweiligen Nebenaspekten eines Antrages abarbeiten muss. Oder der querulatorische Aufrechte verfolgt ein besonderes Thema, wie zum Beispiel das Überhandnehmen einer bestimmten Vogelart. Das nervt fast alle anderen, weil sich die Wichtigkeit dieses Themas kaum einem anderen erschließt. Trotzdem gehört der querulatorische Aufrechte zu den sympathischen Kategorien.

Der Freiwillig-in-der-letzten-Reihe-Sitzende ist der wohl angenehmste Zeitgenosse im Bundestag. Von ihm gibt es durchaus mehr, als man glaubt. Auch er findet sich in allen Parteien. Der Freiwillig-in-der-letzten-Reihe-Sitzende lässt den ganzen Budenzauber entspannt an sich vorbeiziehen, denkt sich seinen Teil und macht ordentlich und engagiert seine Arbeit. Er ist in der Regel ein geselliger Mensch. Aus der Haut fährt er nur, wenn es die Schleimer und Untertanen besonders bunt treiben. Dagegen erhebt er seine Stimme. Das Problem an dieser Kategorie ist, dass jeder von sich meint zu dieser Kategorie zu gehören. Ist ja irgendwie auch logisch.

Ein gefährlicher Staffellauf

Im Jahre 2005 habe ich meinen Abschluss an der Universität gemacht. Als Politikwissenschaftler. Er hätte schneller zustande kommen können, aber ein intensives Studium muss ja nicht schlecht sein. Das Thema meiner Abschlussarbeit war der Antikommunismus in der frühen Bundesrepublik. Der war schlecht, hatte böse Folgen und wird von uns Linken konsequent abgelehnt. Was auch sonst. So viel Agitation muss sein.

Nun hatte der Antikommunismus in der Bundesrepublik allerdings auch bizarre, obskure Züge. Besonders verrückt war, dass der Antikommunismus umso stärker wurde, je weniger Kommunisten es gab.

Ich habe mir mal die offiziellen Kabinettsprotokolle der ersten beiden Bundesregierungen durchgelesen. Vollständig, mehrere Bände. Eine durchaus bemerkenswerte Leistung, wie ich finde. Aber andere lesen ja noch drögere Publikationen, etwa Gebrauchsanleitungen oder Biografien von ex-Präsidentengattinen. Nun: Ich wollte wissen, ob der Kampf gegen den Kommunismus auch im Bundeskabinett ernst genommen wurde. Ob dort ernsthafte Politik zum Wohl des Landes und der Welt betrieben wurde.

Ich wurde nicht enttäuscht. Trotz Wiederaufbau, Wirtschaftsankurbelung, Wohnungsnot und Verwaltungsaufbau, kurz:

der Organisation eines neuen Staates, fanden Adenauer und seine Leute noch genug – und vor allem angemessen viel – Zeit um sich mit der kommunistischen Zersetzungsarbeit kritisch und nicht solidarisch auseinanderzusetzen. Das war eine interessante Schwerpunktsetzung, war man doch schon schwer damit beschäftigt, die ganzen alten Nazis unterzubringen. Aber so viel Zeit musste sein.

1949 zum Beispiel ist vermerkt, dass an den Bürgermeister von Watenstedt-Salzgitter eine Einladung zu einem Festakt in der DDR geschickt wurde. Ein dolles Ding. Da muss ein Bundeskabinett nun wirklich eingreifen. Im Protokoll wurde unmissverständlich festgehalten, dass solche unglaublichen Einladungen in die »Ostzone« grundsätzlich nicht angenommen werden dürfen. Klare Kante also.

In der 33. Kabinettssitzung kommt's aber noch dicker: »Der Bundesminister der Justiz hat dem Bundeskanzler Mitteilung von einem Presseartikel in einer kommunistischen Zeitung in Württemberg-Baden gemacht, worin der Bundeskanzler als ›Verratskanzler‹ bezeichnet wird. Der Bundesminister der Justiz tritt dafür ein, dass in solchen Fällen im Interesse des Staates Strafantrag gestellt wird.« Auf jeden Fall, kann man da nur sagen! Man muss es sich vorstellen: Ein Artikel! In einer kommunistischen Zeitung!! In Baden-Württemberg!!! Der den Kanzler beleidigt!!!! Da muss ein Bundesjustizminister aber nun wirklich eingreifen und damit nebenbei auch noch dokumentieren, dass er ein Schleimer ist. Alle zusammen waren sie wohl etwas überempfindlich.

An anderer Stelle wird allen Ernstes vom Kabinett der enorm wichtige Beschluss gefasst, Strafantrag gegen einen Hilfsarbeiter aus Oberhausen zu stellen, der Plakate mit kommunistischem Inhalt aufgehängt hatte. Unfassbar.

Den Staat ins Wanken brachte aber ein anderer perfider Plan der Kommunisten. In der Sitzung am 6. Oktober 1950 wurde ein ungeheuerlicher Plan der FDJ entlarvt: »Der Bundesminister für die Angelegenheiten des Bundesrates macht auf die überparteiliche Jugendarbeit gegen die FDJ aufmerksam, die u. a. die Absicht habe, einen Stafettenlauf nach Bonn zu organisieren.« Ein kommunistischer Staffellauf. Man stelle sich die Auswirkungen eines kommunistischen Staffellaufes vor: Er hätte vielleicht alles zum Einsturz bringen können! Zum Glück hat die Regierung Adenauer dies aufgedeckt und sicherlich genauso angemessene wie entschiedene Gegenmaßnahmen ergriffen.

Ein wohl entscheidender Schlag gegen den Kommunismus in all seinen Schattierungen gelang dem Bundeskabinett einige Zeit später. Wie wir wissen, stand die Bundesrepublik ja ganz kurz vor der planmäßigen Einführung des Sozialismus. Da hätte eine kleine Agitations- und Propagandatat der Kommunisten gereicht und die Bundes- wäre zur Räterepublik geworden. Da war aber das Kabinett von Konrad Adenauer davor: »Die Einrichtung eines Hauses der Sowjet-Kultur und eines Hauses der deutsch-polnischen Freundschaft im Ostsektor erforderten Gegenmaßnahmen von westlicher Seite, erklärt der Bundesminister für gesamtdeutsche Fragen. Einer Anregung des Oberbürgermeisters von Groß-Berlin folgend, schlage er vor: a) die Einrichtung eines Hauses der ostdeutschen Kultur und b) die Veranstaltung einer ostdeutschen Ausstellung in Berlin.« Tja, durch diese entschiedenen Gegenmaßnahmen wurde der kommunistische Umsturz in West-Deutschland um fünf vor zwölf gerade noch gestoppt. Wie gut, dass damals genügend Zeit blieb, diese Gegenmaßnahmen zu ersinnen. Gott sei Dank wurde die Rote Gefahr, wurden diese linken Maulwürfe, die im Begriff waren, vom Vorgarten aus die ganze Republik zu untergraben, damals noch von jemandem ernst genommen.

Das Zitierte stammt samt und sonders aus den offiziellen Kabinettsprotokollen. Ich habe mir nichts ausgedacht. Da waren viel größere Freaks am Werk.

Lob der E-Gitarre

Wenn es ein Instrument gibt, das links ist, dann ist es die E-Gitarre. Warum? In Fragen des Musikgeschmacks bin ich ein überzeugter Traditionalist, ein Dogmatiker, ein Fundi und ein in der Vergangenheit Hängengebliebener. Ich gehe grundsätzlich nur zu Konzerten bei denen der Altersschnitt zwischen 55 und 65 liegt. Das liegt daran, dass ich Rock gut finde. Deutschland braucht dringend mehr Rock. Linke brauchen übrigens auch mehr Rock. Mittlerweile ist auf diesen Rockkonzerten der Innenraum immer öfter bestuhlt und es ist nur noch eine Frage der Zeit, bis auch die Bühne bestuhlt sein wird. Zum Beispiel war ich letztens bei einem Bob-Dylan-Konzert. Das war gut. Weil Bob Dylan, der von seinen Fans auch liebevoll Bobby genannt wird, eben gut ist. Das Publikum dort war interessant: Auf dem Parkplatz standen fast ausschließlich Volvo Kombis, die Häupter der Anwesenden waren bereits ergraut (im Publikum und auf der Bühne), aber man kannte sich aus. Mit Bob Dylan. Ich habe einen Kumpel, der Bob-Dylan-Forscher ist. Ein Dylanologe sozusagen. Mein Kumpel fährt zu jedem nur möglichen Dylan-Konzert. Er geht da aber nicht nur hin, um gute Musik zu hören und leicht mit dem Fuß zu wippen (mehr Ekstase findet dort nicht statt), sondern um wissenschaftlich zu arbeiten. Dies äußert sich z. B. darin, dass er einen Kulli und einen speziellen Block dabei hat. In diesen speziellen Block notiert er akribisch alle Songs, die Bob Dylan während eines Konzertes spielt. Nach dem Konzert wird diese Liste umgehend auf eine bestimmte Bob-Dylan-Forscher-Homepage gestellt. Da es einige Bob-Dylan-Forscher gibt und Bob Dylan ununterbrochen Konzerte gibt, ist die Homepage ziemlich voll mit europaweit zusammengetragenen Konzertlisten, die professionell set-list genannt werden. Das klingt erst mal einfach. Ist es aber nicht, da Bob Dylan nuschelt, was so komisch klingt, dass man eben Bob-Dylan-Forscher sein muss um die Titel auch exakt bestimmen zu können.

Wenn diese Listen also zusammengetragen wurden, beginnt die eigentliche Arbeit der Forscher: Es geht an die qualitativen Analysen der nunmehr vorliegenden Rohdaten. Dabei interessiert die Wissenschaftler, in welcher Reihenfolge Dylan diese und jene Songs gespielt hat. Vermerkt wird insbesondere wie lange er bestimmte Songs nicht mehr gespielt hat. Wenn er zum Beispiel seit fünf Jahren das erste Mal wieder einen Song gespielt hat, wird dies intensiv analysiert und auf seine Laune rückgeschlossen. Letzteres ist nämlich ein weiterer Forschungsschwerpunkt. Bob Dylan sagt fast nie etwas auf seinen Konzerten: Also weder »Hello« noch »Good Evening« noch »Thank you«. Wenn er aber doch mal ein Thank-You hinnuschelt, ist er richtig gut drauf. Dies wird dann vermerkt und mit anderen Konzerten abgeglichen.

Ich bin aber etwas vom Thema abgekommen. Natürlich spielt Bob Dylan meistens E-Gitarre, was cool und irgendwie links ist. Man kann E-Gitarre so oder so spielen. Das ist zunächst eine Haltungsfrage. Die E-Gitarre ist das Instrument der Working-Class. Daher muss sie tief unterhalb des Gürtels hängen, um mit dem Arm infernalisch bearbeitet zu werden, was dann tatsächlich wie Akkord-Arbeit im wahrsten Sinne des Wortes aussieht. Genosse Bruce Springsteen zum Beispiel beherrscht dies exzellent.

Ein anderer guter Vertreter der E-Gitarristen ist John Fogerty. Der war Chef der guten Band CCR. Da war ich mal auf einem Konzert. Er hat ungefähr 20 Songs gespielt, jedes mal mit einer anderen Gitarre. Das fand ich etwas übertrieben, aber E-Gitarre ist E-Gitarre. Außerdem war es herrlich laut. Wie es sein muss. Und gut war, dass das Publikum ordentlich mitging. Trotz des Alters. Dort habe ich einige ältere Herren getroffen, die ihre mittlerweile viel zu enge Lederjacke angezogen hatten. Die waren so gut drauf, dass sie die etwas am Rande stehenden minoritären Söhne und Töchter, die gerade eine Tüte durchzogen, fragten, ob sie mal ziehen könnten. Das letzte Mal sei das bei einem John-Fogerty-Konzert in den 70ern gewesen. Also war nicht nur die Musik gut, sondern man konnte auch exzellente soziologische und historische Feldforschung betreiben.

Ich finde ja, dass ein zukünftiges sozialistisches Projekt unbedingt auf den Werten des Rock aufbauen muss. Der Rock macht alles einfacher. Ich glaube außerdem, dass einige Linke zu wenig Rock gehört haben. Das sieht man jemandem an. Daher wird es einen wirklich guten demokratischen Sozialismus nur geben, wenn es eine ausreichende Versorgung mit E-Gitarren gibt. Gründen werden wir dann statt einem Institut für Marxismus-Leninismus ein Institut für so sympathische Menschen wie Bob-Dylan-Forscher.

Biografische Angaben

Jan Korte, geboren 1977 in Osnabrück, aufgewachsen in
Georgsmarienhütte, ist Politikwissenschaftler M.A. und seit
2005 Mitglied des Bundestages für die Partei DIE LINKE.
Sein Wahlkreis Anhalt liegt mitten in Sachsen-Anhalt.
2009 konnte er dort das Direktmandat gewinnen.
Er lebt in Berlin und Bitterfeld-Wolfen.
Jan Korte veröffentlicht regelmäßig zu Themen der
Geschichts- und Innenpolitik.

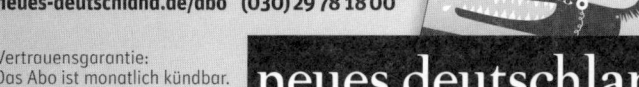